Extrait du *BIEN PUBLIC*

NOTRE PROCÈS

UNE PAGE DE L'HISTOIRE

DE LA PRESSE DIJONNAISE

1854 à 1870

DIJON

IMPRIMERIE JOBARD

—

1894

NOTRE PROCÈS

Extrait du *BIEN PUBLIC*

NOTRE PROCÈS

UNE PAGE DE L'HISTOIRE

DE LA PRESSE DIJONNAISE

1854 à 1870

DIJON

IMPRIMERIE JOBARD

—

1894

A quoi bon ?

Nous nous sommes souvent posé cette question en lisant dans la *Nouvelle Bourgogne* les insinuations perfides et malveillantes dirigées contre nous, et autant par dégoût que par indifférence, nous avons laissé notre confrère continuer de se livrer tranquillement pendant plusieurs années à ce genre d'exercice.

Tant que nous avons été seul mis en cause, nous n'avons pas voulu engager une polémique qui, à notre sentiment, eût été aussi ridicule que les attaques qui l'auraient provoquée. Mais le jour où notre confrère, dépassant les limites qu'il semblait s'être prudemment tracées, visa dans ses insinuations une personne qui nous était particulièrement chère, nous jugeâmes nécessaire de sortir d'une réserve qui aurait fini par être mal interprétée.

Dans notre pensée, deux articles devaient être largement suffisants pour réduire à leur juste valeur les insinuations de la *Nouvelle Bourgogne*, mais obligé de faire à cette occasion quelques recherches dans les collections du *Moniteur de la Côte-d'Or*, nous avons retrouvé des faits qui nous ont paru intéressants à rappeler, et notre cadre s'est tout à coup élargi.

C'est ainsi qu'en écrivant « Notre Procès » nous en sommes arrivés à mettre sous les yeux de nos lecteurs une véritable page de l'histoire de la presse dijonnaise de 1854 à 1870, page qui jette un jour particulier sur le mouvement libéral qui se produisit dans notre département pendant les dernières années de l'Empire.

Après la publication de notre dernier article, nous reçûmes un grand nombre de lettres dans lesquelles nos correspondants, après nous avoir témoigné l'intérêt avec lequel ils les avaient lus, nous demandaient si nous avions l'intention de les réunir dans un fascicule qu'ils pourraient conserver.

Un moment nous eûmes la pensée de céder à ces demandes très flatteuses, mais espérant avoir mis fin aux attaques de la *Nouvelle Bourgogne* et de la *Croix de Bourgogne*, nous prîmes le parti de ne pas donner à « Notre Procès » ce supplément de publicité.

Mais notre espoir fut déçu. Au cours des dernières élections législatives, notre confrère recommença ses attaques avec une violence qui nous mit dans la nécessité de rendre coups pour coups, et comme dans un de ses derniers articles, il faisait allusion à « Notre Procès », affirmant ne l'avoir pas lu, nous crûmes devoir revenir sur notre première détermination.

Eugène JOBARD.

NOTRE PROCÈS

I.

Nous avons exprimé les sentiments de gratitude dont nous étions animé à l'égard des honorables écrivains qui se sont improvisés, dans leurs journaux siamois, nos professeurs de morale et de bonne tenue politique. Mais ils mettraient le comble à leur obligeance s'ils voulaient nous faire connaître leurs noms, afin que les témoignages de notre reconnaissance ne s'égarent pas en route.

Nous sommes bien convaincu que c'est une modestie assurément exagérée qui leur a fait prendre la détermination de dissimuler leur personnalité sous des pseudonymes habilement combinés pour dérouter les indiscrets. Nous avons cependant l'espoir que pour donner encore plus de valeur aux conseils et aux avis qu'ils nous prodiguent avec un si parfait désintéressement, ils daigneront faire une exception en notre faveur.

Il faut que nous sachions à quelle source nos honorés collègues ont puisé ces principes de sagesse, de prudence et de modération dont ils donnent publiquement et si souvent des preuves lumineuses. Sont-ils jeunes? Sont-ils vieux? La nature les a-t-elle particulièrement doués dès leurs premiers ans, ou bien toutes leurs vertus sont-elles le fruit de leurs profondes méditations et d'une expérience péniblement et doulouleusement acquise au cours d'une longue existence? Oh! qui que vous soyez! révélez-vous, nous sommes entre vos mains!

Maintenant, comme nos lecteurs pourraient être surpris de la vivacité avec laquelle nous témoignons notre émotion, nous allons leur en faire connaître le motif, en leur mettant sous les yeux notre dernière faute et la remontrance qu'elle nous a value.

Sous ce titre : « Anecdotes et Mots », nous publions, comme presque tous les journaux, ce qu'on est convenu d'appeler « des Nouvelles à la main ». Parfois il s'en trouve d'amusantes, même de spirituelles, mais nous reconnaissons loyalement que c'est le petit nombre. D'autres sont insignifiantes, mais généralement elles n'ont aucun caractère subversif pouvant exciter l'indignation.

C'est ainsi que dans le *Bien Public* du 11 août dernier, nous avons publié la nouvelle suivante :

Jean Hiroux se confesse après avoir volé un âne à un pauvre diable.
— Pour recevoir l'absolution, lui dit le prêtre, il faut restituer l'âne que vous avez dérobé, sinon, au jugement dernier, celui que vous avez dépouillé et son âne vous reprocheront votre larcin.
— Puisqu'ils y seront tous les deux, répond Jean Hiroux, il sera bien temps de restituer l'âne à ce moment-là.

Cette anecdote est extraite d'un vieux fabliau français du XIVe siècle, et l'auteur s'est borné simplement, pour la rendre plus moderne, à la traduire en français du XIXe siècle

et à substituer Jean Hiroux au sire le Hain, qui était probablement le Jean Hiroux de l'époque.

Nous avions donc lu et salué cette nouvelle comme une
vieille connaissance, sans que rien, pas même un atôme de
remords de conscience, nous ait fait pressentir la faute que
nous venions de commettre, mais notre quiétude ne fut
pas de longue durée.

Le lendemain, en effet, nous lûmes avec une stupeur
bien compréhensible le libellé d'un jugement prononcé
contre nous par nos juges habituels. Cependant, mus sans
doute par un sentiment de commisération et de charité
dont ils nous ont déjà donné tant de preuves touchantes, et
pensant aussi qu'à tout péché il y a miséricorde, ils ne
voulurent pas aggraver notre peine en nous signalant nomi-
nativement à l'indignation publique.

C'est donc sous un titre badin et dans les termes suivants,
aussi peu transparents que possible, comme on va le voir,
que cette sentence fut rédigée : « Nous venons de lire dans
» un journal de la localité une historiette qui nous a péni-
» blement affecté. Nous donnons en cent à nos lecteurs à
» deviner quel est le journal qui a oublié à ce point le
» respect qu'on doit au prêtre et aux sacrements. Ce n'est
» ni le *Réveil du Peuple*, ni le *Progrès de la Côte-d'Or*, ni le
» *Petit Bourguignon...?* »

C'est, comme on le voit, une application originale de la
loi Bérenger, car il est bien certain que les lecteurs de ces
journaux siamois, grâce à cet artifice de rédaction, n'ont
pas pu reconnaître le *Bien Public*.

Tout de même, quand on y réfléchit, il paraît étrange que
des hommes qui n'hésitent pas à demander journellement à
Dieu d'intervenir dans de misérables questions électorales,

sans se préoccuper autrement des déplorables et trop faciles plaisanteries que ces supplications peuvent provoquer, se montrent aussi violemment scandalisés par la publication d'une historiette qui a fait simplement rire nos pères, certainement aussi respectueux que nous de la religion et de ses ministres.

Eh bien ! si nous avons fait une faute, nous ne la regrettons pas, nous dirons même : *felix culpa*. Trop longtemps nous avons, sans les dénoncer, toléré des insinuations perfides et malveillantes. Trop longtemps nous avons subi, sans les relever, les accusations les plus directes et les plus odieuses, comme celle, par exemple, suivant laquelle le *Bien Public*, dans une circonstance déterminée, aurait été payé pour parler ou garder le silence sur l'ordre des juifs.

Nous publierons prochainement quelques extraits de cet article, écrit dans ce style châtié que nos lecteurs ont déjà pu apprécier par les échantillons que nous leur avons mis sous les yeux.

II.

Ce n'est ni indifférence ni lassitude, mais uniquement le profond dégoût que nous inspirent les perfides insinuations dirigées contre nous qui nous a fait garder le silence jusqu'à ce jour.

Connaissant, en effet, les causes mesquines et méprisables, le but bassement intéressé des calomnies persistantes dont nous sommes l'objet, il nous répugnait de les relever pour les rejeter à la face de nos diffamateurs anonymes.

Eh bien ! nous le reconnaissons, nous avons eu tort.

Encouragés par notre silence, les hommes qui ont entrepris de nous déconsidérer, incapables d'apprécier les motifs qui dictaient notre attitude, ont cru qu'ils pouvaient sans crainte dépasser les bornes qu'ils avaient depuis longtemps atteintes, et nous accuser cyniquement d'avoir vendu notre plume.

Mais avant de reproduire l'article dans lequel s'est étalée cette misérable accusation, nous rappellerons sommairement que, quand parut la *Libre Parole*, nous crûmes devoir, en voyant la forme violente de ses premiers articles, garder une extrême réserve.

L'accueil fait à cette feuille par les journaux représentant les opinions, les principes et les idées les plus extrêmes et les plus éloignés les uns des autres, nous fit persévérer dans cette attitude.

Les événements qui se sont produits depuis ont justifié toutes nos appréhensions. Du premier coup, M. Drumont avait été entraîné bien au-delà du but qu'il s'était proposé. Grisé par un succès de presse sans précédent, hypnotisé par des clameurs dont il ne sut pas tout d'abord apprécier le caractère intéressé, il se lança imprudemment et, disons le mot, maladroitement, dans une voie dangereuse où un accident devenait inévitable.

Aujourd'hui, M. Drumont semble avoir acquis l'expérience qui lui a manqué au début, et s'il continue de développer sa thèse avec la même conviction et le même talent, il semble cependant s'appliquer à présenter ses arguments sous une forme plus modérée, qui non seulement ne leur ôte rien, mais leur donne même une plus grande valeur et une portée beaucoup plus considérable.

Nous avions eu tout d'abord l'intention de publier seulement quelques extraits de cet article, qui a paru le même jour dans les deux journaux siamois; mais, après l'avoir relu attentivement, nous pensons qu'il est préférable de le mettre *in extenso* sous les yeux de nos lecteurs.

Le voici, nous le qualifierons tout à l'heure :

LES JUIFS

Il me semble que, malgré ses trois mois de prison et ses ruineuses insertions judiciaires, Drumont doit éprouver quelque satisfaction.

Qu'a-t-il voulu faire dans ses livres? Prouver aux Français, dupés par de grands mots, la main-mise des juifs sur toute la France, chose bien plus terrible que la main-morte, vieil épouvantail qu'un Hubbard quelconque exhume de temps en temps sur l'ordre d'un Abraham non moins quelconque.

Eh bien ! ce qui se passe depuis six mois offre belle matière pour ajouter un terrible chapitre aux précédents réquisitoires du vaillant écrivain, et si les juifs voulaient lui remettre tous les atouts en main, ils ne pouvaient mieux faire.

Ces jours-ci on ne parle que de cela dans notre ville, et je crois que l'impression générale est admirablement traduite par cette conversation entre ouvriers, que j'ai entendue hier soir à ma promenade. Je donne les phrases avec leur verdeur.

**

« — Mènent-ils un train, ces youtres, parce qu'on a crevé la peau d'un Mayer ! Avec ça qu'il n'en reste pas assez pour nous plumer !

» — Eh bien, mon cher, ce qui m'épate le plus, c'est pas ça. Faire crier des bêtises aux journalistes, c'est pas difficile, mais les faire taire presque tous comme par enchantement, ça, c'est renversant.

» — Quand Drumont s'est vu coller par Mariage trois mois et des tas de billets de mille, as-tu vu comme partout les journaux se sont tus? Tiens ! à Dijon, le *Bien Public*, le *Petit Bourguignon*, le *Progrès* nous ont conté cette horreur comme chose naturelle, et puis... *motus*.

» — Sans le potin fait par quelques journaux et à la Chambre, nous ne saurions point encore que Mariage, avec son air baba, a subtilisé les intelligences des jurés.

» — C'est vrai, après ce coup supérieur de *muscade*, ni ministre, ni président, ni magistrat, ni rédacteur n'aurait bronché, si un crâne n'avait apporté le pot aux roses à la Chambre. Et boum! les Rothschild en ont été pour leurs frais, qui doivent être autrement salés que les 100,000 fr. de Drumont.

» — Et pour comble, après avoir payé *des silences en or*, voilà les juifs obligés de payer du tapage au moins en argent. A Dijon, nos journaux silencieux sont devenus bavards comme des pies.

» — Oh! mais ça ne traîne pas, aussi. Le capitaine Mayer est pleuré presque comme un grand capitaine, et on vous l'enterre en grand tralala, tellement que toute la *ministrerie* s'est dérangée; on a envoyé des quidams à sa place, et pendant ce temps-là, on faisait coffrer Morès.

» — Et des discours, mon cher, le grand rabbin qui pérorait a failli pleurer.

» — Ça pleure pas, les crocodiles.

» — Mais ce qui me vexe, c'est qu'ils disent tous que ce Mayer était intelligent, si intelligent que l'armée va en éprouver dommage. C'est absurde de raisonner ainsi. Avec ça que ça prouve quelque chose de se trouer la peau mutuellement. Quand on est intelligent, on ne se bat pas, surtout pour des âneries.

» — Dame! oui, c'était une ânerie que son prétexte. Mais je crois qu'il voulait embrocher Morès qui se met sur le chemin des juifs. Et il a été refait. C'est bien fait.

» — Oui, mais les ministres se sont dérangés, le grand rabbin a presque pleuré, toute la juiverie a montré combien un trou à la peau lui est désagréable, — les journaux payés — ont dit à toute la France qu'un malheur était arrivé à la patrie, et surtout les magistrats se sont autrement pressés que pour les autres, Morès est à Mazas, et un député a eu tout de suite un projet de loi contre le duel.

» — Ça marche-t-il quand le juif est en cause!

» — Oui, mais ça doit leur coûter cher.

» — N'empêche! Drumont les a dits puissants, *c'est de l'écriture.* Pour Rothschild égratigné, pour Mayer tué, ils bouleversent la France *ce sont des faits.* Drumont peut dire : De mes livres sur la puissance du juif, la preuve, la voilà. »

*
* *

Si ces ouvriers avaient été assez instruits pour savoir que le duel est non seulement une sottise, mais un crime très grave devant Dieu, la note eût été parfaite.

Je n'ajoute qu'un mot : Depuis vingt ans nombre de duels ont été mortels. L'émotion a été courte et peu profonde. Les législateurs n'ont rien fait. Aujourd'hui, c'est un juif : en vingt-quatre heures nous avons un libellé de loi nouvelle tout prêt. Pour moi, c'est ce qui me frappe le plus.

Mais comme chrétien, j'abhorre le duel. Quel que soit l'accident qui en amène la répression, quelque incomplète que soit la loi, j'applaudirai au législateur qui mettra bon obstacle à cette stupide coutume. Tout Français doit garder son épée au fourreau et ne mettre sabre au clair qu'en face des ennemis de la France.

Le Chevalier.

Si l'auteur de cet article a eu le bonheur d'être assez instruit pour savoir que le duel est non seulement une sottise, mais aussi un crime très grave devant Dieu, nous regrettons vivement qu'il ne l'ait pas été encore davantage, il aurait su ainsi que non seulement le duel, mais aussi la calomnie est également un crime devant Dieu, et nous sommes même convaincu que l'homme qui se bat en duel et risque sa vie à visage découvert, est moins coupable que le calomniateur anonyme.

Mais dans l'article qu'on vient de lire, la question du duel n'est qu'incidente, et elle a été très habilement soulevée pour permettre à l'auteur d'encadrer dans le résumé d'une dissertation orthodoxe la basse calomnie qu'il s'agissait de mettre en circulation. Quant au coup de clairon patriotique qui termine cet article, il n'a eu d'autre résultat que de lui donner un caractère encore plus odieux.

Non, M. Le Chevalier, non, M. L. C. ! notre plume, et il y a longtemps que nous la tenons entre nos doigts, n'a jamais été à vendre. Depuis que nous écrivons dáns ce journal, que nous avons fondé, nous nous sommes toujours et sans cesse appliqué à défendre ce que nous avons cru juste et vrai. Au milieu des plus violents boulersements politiques et dans les luttes les plus vives et les plus ardentes, nous nous sommes toujours appliqué avec un soin jaloux à conserver notre complète indépendance.

Au cours de notre existence déjà longue, nous avons été en relation avec un grand nombre d'hommes politiques, et à ceux qui sont arrivés au pouvoir, nous n'avons jamais demandé la moindre faveur. Si par suite de la marche des événements il s'est produit avec d'autres hommes politiques que nous avons soutenus des divergences de vues qui ont rendu nos rapports moins intimes, moins directs, moins fréquents, et même pour quelques-uns les ont rompus complètement, nous avons du moins la profonde conviction que pas un seul d'entre eux n'a jamais douté de notre complet désintéressement et de notre indépendance absolue.

Complétez donc au plus vite, M. L. C., votre instruction et surtout votre éducation. Vous êtes encore jeune, il vous sera donc facile d'entreprendre cette tâche et de la mener à bien. Et quand vous aurez enfin acquis les vertus et les qualités qui vous manquent complètement, c'est-à-dire la charité, la tolérance, la discrétion, la prudence et la circonspection, vous pourrez relire votre article, et par la rougeur que vous sentirez vous monter au front, vous vous rendrez compte alors de la faute que vous avez commise.

III.

Comme on voit, c'est une véritable plaidoirie que nous avons entreprise. Seulement, pour ne pas fatiguer nos lecteurs, nous n'exposerons pas d'un seul coup tous les points graves de l'acte d'accusation dressé longuement et patiemment contre nous, avec une habileté et une perfidie ténébreuses que nous serons un jour obligé de mettre en pleine lumière' quaud nous porterons la main aux masques.

Déclarer qu'on n'est pas journaliste et écrire à la fois dans deux journaux sous un nom d'emprunt et sous la protection des hommes de paille exigés par la loi, est une méthode très commode pour satisfaire sa rancune, sa haine et souvent même seulement venger un amour-propre blessé.

Tous ces vils sentiments se sont, depuis quelques années, donné à nos dépens les plus larges satisfactions. Mais comme, de notre côté, nous avions prévu qu'il arriverait forcément un moment où la mesure serait comble, nous avons collectionné avec un soin particulier tous les articles et toutes les notes venimeuses dont nous avons été l'objet.

Avant d'être accusé d'avoir vendu notre plume aux juifs, nous avions été précédemment signalé comme un traître pour avoir, pendant une période électorale, déclaré que nous approuvions complètement et sans réserve le toast de Mgr Lavigerie, que les journaux siamois qualifiaient alors, dans ce style châtié dont ils ont la spécialité, de *pétard nauséabond*.

Cette accusation sera l'objet d'un article particulier, car

nous serons peut-être obligé, pour notre défense, de publier des lettres assez longues, qui jetteront un jour tout particulier sur certains événements qui ont été diversement commentés et qu'il est devenu nécessaire de montrer sous leur véritable aspect.

Aujourd'hui nous ne parlerons que de certains actes grotesques, en toute autre circonstance insignifiants, mais que nous devons cependant signaler à cause des conséquences fâcheuses et imprévues qu'ils ont entraînées.

Notre regretté collaborateur Th. Gersant avait, au *Bien Public*, la spécialité des comptes rendus des représentations théâtrales, des concerts et des auditions musicales, et certes, si on avait un reproche à lui faire, c'était d'être peut-être un peu trop laudatif.

Naturellement bon et aimant les artistes avec passion, il se prêtait avec une condescendance naïve à des exigences que rien cependant ne justifiait. Un jour, cependant, nous le vîmes, contre son habitude, dans un état de surexcitation extraordinaire, et comme nous lui en demandions la cause : « Tenez, nous dit-il, en nous tendant un long manuscrit écrit en caractères étroits et en lignes serrées, lisez ça!... » C'était le compte rendu d'une audition musicale écrit par l'artiste lui-même, dans lequel il avait, à son endroit, épuisé tous les adjectifs admiratifs contenus dans le dictionnaire, sans compter ceux de son invention, et qui se terminait ainsi : « Ces quelques notes, mon cher M. Gersant, vous permettront de faire facilement votre compte rendu avec cet esprit et cette humour qui vous distinguent, et si vous daignez y ajouter quelques mots élogieux, je vous serai vivement reconnaissant. »

« Mais que veut-il que j'ajoute, cet animal-là ? » s'écria

Gersant en portant la main à sa tête comme s'il eût voulu s'arracher les cheveux. Bref, le compte rendu fut inséré à peu de chose près comme l'auteur l'avait écrit... et le *Bien Public* compta un ennemi de plus.

Avant que la plume de notre collaborateur passât en d'autres mains, c'est nous qui dûmes, pendant quelque temps, faire ces comptes rendus artistiques, pour lesquels, du reste, nous n'avions aucune disposition et aucune des qualités nécessaires. C'est pendant cette courte période que nous arriva l'aventure suivante :

Un jeune amateur, doué, à son avis, d'une voix de basse remarquable, nous apporta un jour le compte rendu d'une audition musicale dans laquelle il s'était fait entendre. C'étaient, soi-disant, des notes écrites sans prétention, au courant de la plume, mais exactement dans le genre de celles qui avaient fait éclater notre vieil ami Gersant.

Moins habitué que lui à ce genre de littérature, nous crûmes devoir adresser à l'auteur quelques observations, en lui promettant cependant de faire tout au moins le nécessaire pour lui donner satisfaction. Eh bien, nous l'avouons franchement, au moment de nous exécuter, le cœur nous manqua, et nous reléguâmes cet étonnant manuscrit au fond d'un tiroir.

Il y avait, entre autres, des phrases comme celle-ci : « Que dire de M. X., qui a si merveilleusement et si magistralement interprété cette œuvre remarquable, composée spécialement pour sa voix de basse-taille, d'une puissance extraordinaire, admirablement timbrée, douée d'un charme pénétrant et dans le *dolce*, d'une douceur et d'un velouté incomparables, etc., etc. »

Ah! si nous avions su alors ce que nous savons seulement aujourd'hui, que M. X..., en se montrant sous ce côté extraordinairement favorable, poursuivait un but du reste très avouable, nous nous serions fait certainement un plaisir de lui être agréable et de servir ses projets. Pourquoi ne parlait-il pas ?

Mais comme maintenant M. X..., journellement, à tout propos, et le plus souvent hors de propos, nous qualifie de *Mal Public* et a déclaré hautement être notre ennemi le plus implacable, nous avons été obligé de prendre les armes... un peu plus tôt que nous ne l'avions supposé.

IV.

Au mois de mai dernier, quelques jours après les élections municipales, nous reçûmes une lettre qui nous fit comprendre une fois de plus combien nous avions eu tort de laisser sans réponse les attaques dont nous avions été l'objet un an auparavant.

Notre honorable correspondant nous témoignait combien il avait été, en cette circonstance, surpris et peiné de notre attitude réservée, et l'attribuait au dépit que nous auraient causé, sur la liste des candidats, des noms qui probablement ne nous étaient pas sympathiques.

Nous répondîmes à notre correspondant que, s'il avait lu, au lendemain des élections municipales de 1891, les articles qui nous avaient été consacrés par la *Nouvelle Bourgogne,* il n'aurait pas fait une pareille supposition. En même temps nous lui disions : « Comme il est probable que nous serons obligé un jour de rappeler ces attaques étranges, nous vous prions de vouloir bien réserver votre jugement jusqu'à ce moment. » C'est donc à ce correspondant que nous adressons cette lettre ouverte :

« A Monsieur Ch. D...,

» Au mois d'avril 1891, nous avons soutenu énergiquement la liste des candidats conservateurs au Conseil municipal, et nous nous sommes efforcé, malgré les violentes attaques des trois journaux républicains alliés pour défendre une, liste unique, dite de concentration républicaine, de maintenir la polémique dans les bornes convenables.

» Nous affirmons même que ce ne fut pas facile, car le *Petit Bourguignon* prétendait que nos candidats étaient imbus des idées et des préjugés qui animaient les émigrés et les cléricaux « *quand ils tiraient directement dans le dos de nos soldats.* » Ou bien encore donnait à entendre qu'ils étaient capables, à propos de son mariage, d'envoyer une lettre de félicitations au prince Alphonse de Bavière, « *le fils du massacreur de Bazeilles.* » Comme on dit : « Excusez du peu ! »

» Le succès de ces élections ne répondit pas à nos efforts, notre liste fut complètement battue, et la *Nouvelle Bourgogne,* qui l'avait également soutenue, crut devoir, dans une série d'articles, examiner les causes de cette défaite, et, sans la moindre hésitation, les attribua naturellement toutes au *Bien Public.*

» Voici quelques extraits de ces articles, qui se succédèrent pendant plusieurs jours avec une remarquable régularité. Comme on le verra, notre confrère connaissait le proverbe : « Il faut battre le fer pendant qu'il est chaud », et voulait en tirer à son profit tout le parti possible.

24 avril 1891. — Après avoir fait le mort durant la période électorale, sur la question des principes, politiques, le *Bien Public* déploie aujourd'hui carrément le drapeau de « conservateur républicain », dont il avait montré un petit bout il y a quelques mois.

Mais pourquoi diantre le *Bien Public* n'a-t-il pas développé son programme il y a quinze jours ? Pourquoi ne l'a-t-il pas imposé aux candidats qu'il s'était chargé de pré enter aux électeurs ?

Il est vraisemblable que nous ne serions pas menacés aujourd'hui de voir la bande opportuniste se ruant d'une façon définitive, dimanche prochain, sur l'Hôtel de ville.

» Cet article, écrit deux jours avant le scrutin de ballottage, dont le résultat, par suite du désistement des socialistes, ne pouvait plus laisser subsister de doute, était un moyen habile de préparer le terrain sur lequel allaient se produire les attaques projetées contre le *Bien Public*.

28 avril 1891. — Les élections complémentaires se sont terminées dimanche soir, comme il était facile de le supposer, par le succès de la liste républicaine.

De l'avis général, la campagne électorale a été conduite de la façon la plus piteuse par la feuille de la place Darcy. Franchement ce journal, soi-disant conservateur, a soutenu ses candidats *à la façon de la corde qui soutient le pendu.*

Ce qui a été le comble, dans cette campagne électorale, c'est le grand patron de la liste conservatrice osant, en pleine période électorale, adhérer bruyamment à la république du jour ! Nous avions eu *le pétard Lavigerie, dont la fumée nauséabonde nous avait un instant suffoqué.* Il a bien fallu que nous subissions le pétard Jobard, au moment le plus inopportun.

On a prononcé le mot de *trahison :* il n'est peut-être pas exagéré.

30 avril 1891. — Il n'y a pas à se le dissimuler, nous sommes

complètement battus. La liste de concentration a remporté une victoire éclatante.

Dès le début de la période électorale, un grand nombre de conservateurs ne voyaient pas, sans éprouver de vives appréhensions, la liste « Toussaint-de Saint-Seine » prendre exclusivement son point d'appui *dans une feuille peu sûre, perdue de mœurs politiques*, et qui fut tour à tour, suivant ses intérêts, bonapartiste, monarchiste, boulangiste, aujourd'hui républicaine.

» Vous le voyez, Monsieur, c'était comme chez Nicolet, toujours de plus fort en plus fort. Mais si nous ajoutons que ces articles étaient écrits par un homme qui avait été pendant vingt-deux ans rédacteur en chef du *Bien Public* et ne l'avait quitté que depuis quelques mois seulement, en nous témoignant tous ses regrets, vous conviendrez que nous n'avions pas perdu notre temps pour jeter notre bonnet par-dessus tous les moulins.

» Voilà donc pourquoi, Monsieur et honorable correspondant, nous avons cru devoir garder, pendant la période des dernières élections municipales, l'attitude réservée que vous nous avez si vivement reprochée. Et nous sommes convaincu que, dans notre situation, vous auriez agi de même.

» Nous avons voulu laisser à la *Nouvelle Bourgogne* et à la *Croix de Bourgogne* tout le mérite de cette campagne électorale, que nous aurions certainement compromise si nous avions eu l'imprudence d'y prendre part.

» Nos deux confrères, il est vrai, et malgré l'emploi de moyens particuliers que seuls ils pouvaient employer en toute connaissance de cause, n'ont pas eu cependant plus de succès en 1892 que nous n'en avions eu en 1891. Mais si les candidats conservateurs ont succombé, ils ont eu tout au moins la satisfaction de pouvoir dire cette fois que tout s'était passé d'une manière irréprochable, c'est-à-dire dans toutes les règles et sans que les principes aient subi la plus légère entorse.

» Veuillez agréer, monsieur, l'expression de mes sentiments distingués.   XX... »

Maintenant, si, comme nous l'espérons, notre correspondant et nos lecteurs ont apprécié à leur juste valeur les motifs que nous venons d'exposer, pour justifier notre attitude pendant la période des dernières élections municipales, ils pourraient cependant supposer que l'indignation de la *Nouvelle Bourgogne* était sincère et partait, comme on dit, d'un bon naturel. Nous pouvons les rassurer à cet égard.

Dans un de nos prochains articles, nous aborderons ce sujet, et quand nous aurons rappelé les attaques de même nature dirigées contre nous par le *Franc Bourguignon* en 1884, alors qu'il n'était question ni du toast de Mgr Lavigerie, ni de conservateurs républicains, ni de la lettre encyclique du Pape Léon XIII, à une époque, en un mot, où les situations politiques étaient nettement établies, nos lecteurs seront complètement édifiés sur ce cas de conscience.

Du reste, comme à cette époque le *Bien Public* avait pour rédacteur en chef un écrivain qui avait la dent dure, le trait acéré, et manquait en même temps de toute espèce de patience, la riposte fut violente et rapide. Nous n'aurons donc qu'à parcourir la collection du *Bien Public* pour remettre en lumière ce petit incident d'histoire locale, qui mérite d'être connu.

V.

Avant de commencer la revue rétrospective que nous avons annoncée dans notre dernier article, revue qui aura naturellement pour conséquence de mettre en évidence l'inventeur des causes du procès que nous plaidons actuellement, nous devons encore examiner des faits récents qui ont bien leur importance.

Dans toutes les polémiques électorales et dans toutes les discussions politiques que nous avons soutenues contre nos confrères dans le *Moniteur de la Côte-d'Or*, dans l'*Impartial Bourguignon* et enfin dans le *Bien Public*, nous avons tous, de part et d'autre, combattu à visage découvert. Ces discussions et ces polémiques ont souvent été violentes, quelquefois même brutales, mais au moins on savait d'où venaient les coups et à qui on les portait.

Si quelquefois un candidat malheureux et naturellement irrité, atteint par quelques allusions ou quelques traits directs dans lesquels il voulait reconnaître la collaboration d'un de ses ennemis, mettait le journal en demeure de le découvrir, il rencontrait toujours devant lui, non pas un simple gérant n'ayant qu'une responsabilité illusoire, mais un rédacteur en chef, revendiquant et acceptant hautement les responsabilités de ses articles ou de ceux publiés sous sa direction.

Dans notre département, tout le monde sait que M. Charles Noëllat est le rédacteur en chef du *Progrès de la Côte-d'Or*, et qu'en son absence un autre rédacteur, M. Maigne, remplit ces mêmes fonctions. Le *Petit Bour-*

guignon a pour directeur politique M. Bargy, député, et comme rédacteur en chef M. Jules Obein. Au *Réveil du Peuple*, si M. Th. Cardot signe « Philippe » et « Docteur Grégoire », il n'a jamais, quand il y a été mis en demeure, décliné la responsabilité de ses articles. Quant au *Bien Public*, nos XX... sont parfaitement connues, et quand un jour M. Bargy crut devoir nous envoyer ses témoins, M. Dutemple et M. Messner, ils ne s'adressèrent ni au rédacteur en chef, dont le nom était en vedette en tête du journal, ni à notre collaborateur Th. Gersant.

Mais à la *Nouvelle Bourgogne* et à la *Croix de Bourgogne*, il n'en est pas de même. Là, pas de directeur politique, pas de rédacteur en chef responsable, inutile même de parler au concierge, car il n'y a pas, croyons-nous, de propriétaire avoué. Mais, par exemple, si le nombre peut remplacer la qualité, tout est pour le mieux, car il est impossible de rencontrer une collection plus nombreuse et plus complète de pseudonymes déroutants.

C'est ainsi qu'on y voit figurer tour à tour Le Chiffonnier, Le Chevalier, Le Croisé, Le Capitaine, Le Chanteur, Le Critique, Le Commerçant, Le Champion, Vlan, Vérax, Coriolan, Gondebaud, Cassandre, Lodoïs « que c'est comme un bouquet de fleurs ! » Allez donc vous y reconnaître dans ce groupe d'écrivains qui ne se distinguent les uns des autres ni par le style, ni par les idées, ni même par l'originalité de la forme littéraire, et qui sont animés uniquement du désir de nous discréditer auprès de nos lecteurs.

Cependant, comme nous n'avons cessé depuis le premier jour, de lire très consciencieusement toutes les élucubrations pondues par ces journalistes irresponsables, nous avons fini, en nous inspirant de la méthode employée par

Champolion, quand il commença l'étude des hiéroglyphes, par trouver une clé qui nous a permis de mettre déjà quelques noms, nous ne dirons pas sérieux, mais simplement réels, dissimulés sous ces loups.

Nous ne tardâmes pas, en effet, à être frappé de la coïncidence particulière que présentaient les signatures Le Capitaine, Le Chiffonnier, Le Croisé, Le Chanteur, Le Critique et toutes celles de même nature dans lesquelles figuraient les majuscules L. C. Pourquoi pas, en effet, Le Pèlerin, Le Marin, Le Vigneron? Et tout en y réfléchissant, il nous revint à la mémoire une histoire qui ne date pas d'hier, mais qui fut pour nous un trait de lumière.

En 1849, nous avions fondé, entre amis, une petite feuille soi-disant littéraire, mais dont le but inavoué, mais réel, était d'obtenir nos entrées au théâtre, dont nous étions très amateur, mais que nos ressources, particulièrement limitées, ne nous permettaient pas de fréquenter aussi assidûment que nous le désirions. Elle avait pour titre : *Le Parterre;* son imprimeur était M. Douiller, et son gérant Louis Martin, doué d'une voix de basse-taille très extraordinaire (pour l'époque, bien entendu), car depuis...!

Le Parterre, qui devait être publié au moins trois fois par semaine, finit bientôt par ne plus paraître que quelquefois, et, quand il mourut de sa belle mort, personne ne s'en aperçut, pas même le directeur du théâtre, qui n'eut pas à nous retirer nos entrées, par cette raison toute simple : c'est qu'il ne nous les avait jamais accordées. Ce pauvre *Parterre* fut même si peu remarqué que quand, vingt ans après, nous eûmes occasion de le rappeler au souvenir de notre ami Milsand, le célèbre collectionneur dijonnais, il nous avoua avec douleur qu'il manquait à sa collection.

Nous avions tous pris des noms de guerre comme il est d'usage en pareilles circonstances, en nous engageant à garder vis-à-vis les uns des autres le secret le plus absolu. Mais Louis Martin, en sa qualité de gérant, qu'il cumulait avec celle de rédacteur en chef, était doué d'une vanité qui est, hélas! trop souvent la seule distinction de certains écrivains. C'est alors qu'il eut l'idée géniale de signer ses articles tantôt Le Merle blanc, ou bien Le Musicien, Le Mirliton, Le Métronome, ce qui fait que, quelques petites indiscrétions aidant, tous les lecteurs du *Parterre* ne tardèrent pas à savoir que tous les articles suivis d'une signature dans laquelle se trouvaient les majuscules L. M. émanaient de la plume magistrale de Louis Martin.

Les mêmes causes produisant généralement les mêmes effets, nous sommes arrivé ainsi à découvrir que dans la *Nouvelle Bourgogne* et la *Croix de Bourgogne*, l'auteur du « pet de coucou fendu en quatre » et des variations artistiques sur la « viande humaine » devait être orné de nom et prénom commençant par un L et par un C. De là à déterminer l'hiéroglyphe, il n'y avait qu'un pas, et il fut rapidement franchi.

Nous ne pouvions, on le comprend, nous arrêter en si bon chemin, et par d'autres moyens que nous ferons connaître quand nous le jugerons convenable, nous dirons comment nous sommes arrivé à déterminer d'autres personnalités, non seulement des journalistes amateurs, mais aussi des cuisiniers et des cuisinières de ces deux journaux, car c'est évidemment une cuisinière qui a dû accommoder le dernier plat littéraire qui nous a été servi.

VI.

Le *Bien Public* a un grand tort, c'est d'avoir été fondé dix-huit ans avant le *Progrès de la Côte-d'Or*, trente ans avant le *Petit Bourguignon*, trente-quatre ans avant la *Nouvelle Bourgogne*, trente-six ans avant le *Petit Dijonnais*, devenu le *Réveil du Peuple*, et quarante et un ans avant la *Croix de Bourgogne*. Cela, on le comprend, nous a donné un peu d'avance sur nos confrères, et permis de grouper autour de notre journal un grand nombre d'abonnés, avec le concours desquels nous avons pu résister aux attaques les plus violentes, surmonter toutes les difficultés et sortir, mais non sans faire d'énergiques efforts, des situations les plus critiques.

La plus grave fut certainement celle que nous créa le plébiscite de 1870. A notre sentiment, le ministère Emile Olivier commettait une faute qui pouvait avoir de déplorables conséquences, et si nous étions partisan des réformes libérales apportées par l'Empereur à la Constitution de 1852, les termes dans lesquels la question était posée au pays nous paraissaient ne pas avoir la précision et la clarté voulues.

Nous étions donc décidé à dire « non », mais en présence de l'entraînement ou plutôt de l'affolement qui se produisait, et contre lequel les arguments les plus sérieux devaient inévitablement échouer, d'autre part, ne voulant pas faire un acte qui pût être considéré comme hostile à l'Empire, nous déclarâmes que nous garderions une complète neutralité, nous bornant à enregistrer sans commentaires toutes

les déclarations des conseillers généraux, des conseillers
d'arrondissement, en un mot de tous les hommes qui se
croyaient en droit de donner des conseils à leurs concitoyens..

Nous avons collectionné avec soin toutes les lettres par-
ticulières, et le nombre en est grand, qui nous furent
adressées au sujet de notre attitude. Aussi après la guerre,
quand il parut certain que la République allait être le
gouvernement définitif de la France, c'est sans le moindre
étonnement que nous vîmes figurer parmi les nouveaux
républicains les correspondants qui nous avaient reproché
le plus vivement notre décision en des termes qui ne pouvaient laisser subsister aucun doute sur leur dévouement et
leur attachement inébranlables à l'Empire.

Naturellement, ces néophytes devinrent nos ennemis les
plus hautement déclarés, et le *Progrès de la Côte-d'Or* dut
voir à cette époque augmenter dans de notables proportions
le nombre de ses abonnés.

Quant à nous, nous ne modifiâmes en rien notre ligne
de conduite politique, et nous restâmes après 1870 ce que
nous étions avant, c'est-à-dire partisan sincère et dévoué
des idées libérales et ennemi, comme nous le sommes
encore aujourd'hui, de toutes les opinions politiques
extrêmes et de tous les sectaires.

Il s'opéra alors dans les abonnés du *Bien Public* un clas-
sement qui fut très remarquable et que nous suivîmes, on
le comprend, avec un vif intérêt. Mais, à la fin de l'année
1871, de nouveaux adhérents étaient venus combler et bien
au delà le chiffre des défections que nous avions subies.

Si un journal se recommande particulièrement par les
idées qu'il représente, par la valeur avec laquelle elles sont

exposées et défendues, et enfin par la variété et la précision des renseignements de toute nature qu'il doit donner à ses lecteurs, il faut aussi qu'au point de vue purement matériel il s'efforce de leur procurer tous les avantages possibles.

Il y a vingt ans, nous avions une vue excellente, nous ne portions pas de lunettes, et le *Bien Public* étant d'un format moyen, nous étions obligés, pour donner le plus de matière possible à nos lecteurs, d'employer de petits caractères. Dans ces conditions, nous n'attachâmes pas, tout d'abord, à certaines lettres dans lesquelles des abonnés nous disaient combien la lecture de ces caractères les fatiguait, toute l'importance voulue. Cependant au commencement de l'année 1872, nous résolûmes de donner à ces abonnés la satisfaction qu'ils désiraient en augmentant le format du journal et en modifiant la composition typographique. Aujourd'hui, comme à la suite d'un accident qui nous a rendu presbyte d'un œil, nous sommes devenu un fidèle client de M. Bonvalot, nous comprenons l'accueil favorable qui fut fait à cette innovation.

A cette époque, le *Bien Public* ne paraissait pas encore le dimanche, du reste, comme tous les autres journaux de Dijon, et la valeur de sa publicité étant alors comme aujourd'hui particulièrement appréciée, il arrivait très souvent que le numéro du samedi contenait trois pages d'annonces. C'est alors que nous conçûmes le projet de donner à nos lecteurs, avec ce numéro, un supplément scientifique, agricole, littéraire et commercial qui eut un succès considérable. C'était, étant donné le prix élevé du papier à ce moment, un sacrifice d'une certaine importance, car cela représentait cinquante-deux numéros de plus par an. Mais depuis lors nous en avons fait bien d'autres.

Le *Bien Public* est donc le premier journal en France qui ait donné un supplément de ce genre à ses lecteurs. C'était, comme on voit, une véritable invention, si, à ce sujet, on peut employer cette expression, et qui ne fut imitée que plusieurs années après par d'autres journaux.

Depuis cette époque, le *Bien Public* a successivement augmenté son format et sa périodicité. En 1890, il s'est transformé en journal du matin, a réduit à 20 fr. le prix de son abonnement et se vend dans les kiosques et sur la voie publique, comme tous ses confrères, au prix de cinq centimes le numéro.

Comme on voit, c'est l'histoire abrégée du *Bien Public* que nous racontons, et on pourrait croire que nous nous égarons et que nous perdons de vue notre sujet. Pas le moins du monde, et on reconnaîtra, au cours de cette plaidoirie, qu'elle s'y rattache au contraire très étroitement. Réclame, dira-t-on ! c'est bien possible, mais réclame nécessaire, que nous avons peut-être trop négligée jusqu'à ce jour, et que nous nous proposons de continuer, en la rendant aussi intéressante que possible.

Nous venons de dire que depuis 1890 le *Bien Public* est en vente sur la voie publique. Cela sera peut-être une révélation pour beaucoup de nos lecteurs, particulièrement ceux qui habitent le quartier de la Porte-Guillaume, qui ne se sont sans doute pas aperçus que les crieurs proclamaient très rarement le titre de ce journal. Tous les matins, en effet, nous entendons sous nos fenêtres donnant sur la place Darcy les vendeurs du *Petit Journal* et du *Petit Parisien* annoncer également le *Progrès de la Côte-d'Or* et le *Petit Bourguignon*, mais quant au *Bien Public*, absent au bataillon, ils gardent à son endroit le silence le plus absolu.

Nous félicitons sincèrement nos confrères de la préférence dont ils sont l'objet, ils bénéficient certainement des opinions politiques de ces jeunes vendeurs auxquels, paraît-il, les nôtres n'ont pas le bonheur d'être sympathiques. Cependant, nous n'avons pas à nous plaindre, car, malgré cet ostracisme qui nous cause les plus vifs regrets, notre vente au numéro se maintient cependant dans d'assez bonnes proportions. Espérons qu'un jour ces jeunes citoyens daigneront lever l'embargo dont nous sommes victimes, et, d'avance, nous leur en témoignons nos plus sincères remerciements. Nous terminerons notre dissertation sur ce sujet en disant que le crieur du *Petit Journal* s'acquitte de sa mission avec entrain, chaleur, conviction, et qu'il a une bonne voix avec un certain accent parisien des Batignolles qui donne l'illusion du boulevard Montmartre. Nous prenons donc la liberté, si cela peut le faire monter en grade, de signaler ce crieur dévoué à notre ami le directeur du *Petit Journal*.

Mais revenons à la question. Le premier désir d'un homme qui fonde un journal est d'avoir des abonnés le plus promptement possible et en plus grand nombre possible. Nous comprenons admirablement ce sentiment, il est juste, profondément humain, *experto crede*. Mais comme les abonnés ne s'inventent pas, qu'il y en a un nombre plus ou moins considérable acquis aux journaux existants à ce moment, c'est naturellement au journal le moins éloigné des idées et des principes qu'on se propose de représenter, qu'on s'efforce de les enlever, et personne, pas même le journal attaqué, n'a le droit de trouver cela extraordinaire, mais à la condition cependant que les moyens employés soient honnêtes et loyaux.

S'il en eût été ainsi, nous aurions gardé le silence en nous efforçant simplement, pour nous défendre contre la concurrence, de redoubler d'efforts pour rendre le *Bien Public* encore plus intéressant et plus complet sous tous les rapports.

Mais devant les attaques violentes et inconsidérées dont nous sommes l'objet, et en présence d'adversaires qui, sous le voile de l'anonyme, n'ont pas hésité à formuler contre nous les plus odieuses accusations, nous avons dû sortir d'une réserve qui eût été certainement fâcheusement interprétée. Dans un prochain article, nous dirons à nos lecteurs comment on fonde un journal, les luttes que nous eûmes à soutenir en d'autres temps, mais qui n'ont jamais été souillées par la diffamation et la calomnie.

VII

Une fois de plus, Messieurs les jurés, nous vous affirmons que nous sommes toujours dans la question, et vous reconnaîtrez le bien fondé de cette affirmation quand nous poserons nos conclusions. Nous devons cependant vous prévenir loyalement que ce ne sera pas très prochainement, et nous vous prions de vouloir bien nous continuer votre bienveillante attention.

Nous avons fait aussi brièvement que possible l'historique du *Bien Public*, et nous avons mis en évidence un fait trop oublié et qui vous a donné, nous l'espérons, la preuve absolue de notre complète indépendance. Nous allons donc, aujourd'hui, remonter jusqu'à l'origine de ce journal, qui fut formé par la fusion de l'*Impartial Bourguignon*, ancien *Moniteur de la Côte-d'Or*, avec l'*Union Bourguignonne*, dont le titre, aux termes des conventions intervenues entre les parties intéressées, continue de figurer en tête du *Bien Public*.

Le *Moniteur de la Côte-d'Or* fut fondé le 1er janvier 1854 pour remplacer l'*Elu du Peuple*, supprimé six mois auparavant par voie administrative. Nous en fûmes *nommé* propriétaire et gérant après avoir pris l'engagement de ne nous occuper que de la partie matérielle, les questions politiques et locales devant être traitées particulièrement et sous la haute direction du Préfet, par un rédacteur nommé par le gouvernement.

On ne connaît que dans ses grandes lignes l'histoire de la presse départementale sous l'Empire, et nous pourrions écrire sur ce sujet un chapitre très intéressant, en racontant simplement nos aventures personnelles. Elles sont étranges, quelquefois pénibles, mais le plus souvent d'un comique prodigieux. En voici une seule comme échantillon, nous allons la raconter en deux mots : « En sa qualité de journal officiel, le *Moniteur de la Côte-d'Or* était obligé de reproduire tous les discours, et les fonctionnaires en prononçaient alors autant qu'aujourd'hui et de tout aussi longs. Un jour le correcteur ayant laissé passer dans le discours d'un conseiller général, discours qui remplissait les trois quarts du journal, quelques incorrections typographiques, nous fûmes obligé de le reproduire *in extenso* dans le numéro suivant, c'est-à-dire deux jours après, ce qui dut médiocrement intéresser nos lecteurs. Le feuilleton lui-même n'échappait pas à la surveillance attentive de l'administration préfectorale, et ce fut à l'occasion du roman de Paul

Féval : *Les Chevaliers de la Mort*, que commencèrent avec M. le baron de Bry, qui fut quatorze ans préfet de la Côte-d'Or, des relations qui établirent entre nous des liens d'amitié que la mort seule a pu briser.

Il existait alors à Dijon deux journaux, la *Côte-d'Or*, organe du parti orléaniste, rédigée par le père Vincent, et l'*Union Bourguignonne*, fondée en 1848 par le comité conservateur, et dont M. Rabutôt, directeur-gérant depuis l'origine, avait acquis la propriété. Nous retrouvâmes une partie des abonnés de l'*Elu du Peuple*, mais comme ils n'avaient jamais été très nombreux, car c'était un groupe dont les maires et quelques fonctionnaires formaient la majeure partie, il nous parut au premier abord très difficile de pouvoir l'augmenter dans de grandes proportions.

Nos premiers efforts eurent donc pour objet de reprendre à ces deux journaux les abonnés dont ils avaient dû probablement hériter après la disparition de l'*Elu du Peuple*, en leur offrant d'abord un journal plus grand, mieux imprimé, et ensuite l'attrait d'une rédaction que l'administration jugeait devoir être irrésistible.

Le format adopté par nos confrères avait 35 centimètres sur 45, et nous présentâmes le *Moniteur de la Côte-d'Or* au public avec cinq centimètres de plus sur tous les côtés, soit 40 sur 50. Mais sur ce point notre triomphe fut de courte durée, car, quinze jours après, l'*Union Bourguignonne* nous rattrapait et nous dépassait même de deux centimètres.

Le premier rédacteur du *Moniteur de la Côte-d'Or*, nommé par le gouvernement, fut M. Ulysse Pic. C'était un écrivain de talent et surtout un remarquable polémiste. Il commença la campagne en dirigeant ses attaques les plus vives contre l'*Union Bourguignonne*. Mais celle-ci ne se laissa pas intimider et répliqua crânement par la plume de dévoués collaborateurs qui, eux aussi, ne manquaient pas de valeur, et avaient en outre l'avantage de connaître admirablement l'esprit du pays. Nous devons même dire, en toute sincérité, que les rieurs ne furent pas toujours de notre côté et que la plume de l'avocat M. Montagne ne fut pas sans exercer une certaine influence sur la décision que prit M. Ulysse Pic d'abandonner la rédaction du *Moniteur de la Côte-d'Or*, après quelques mois d'exercice.

Cependant, au cours de cette courte période, nous avions des deux côtés mené un si grand tapage, que nous gagnâmes l'un et l'autre un certain nombre d'abonnés, au grand préjudice de la *Côte-d'Or*, qui étant restée simple spectatrice de la lutte, payait les frais de la guerre.

Si, au point de vue politique, la rédaction du *Moniteur de la Côte-d'Or* était aussi intéressante que possible, au point de vue des questions purement locales elle était pitoyable. Il ne pouvait, du reste, en être autrement, et cette situation ne fit que s'aggraver au fur et à mesure que les rédacteurs ministériels se succédaient. Comment, du reste, auraient-ils pu, en effet, en quelques mois, se créer des relations et se rendre compte de l'esprit de la localité ? Tout leur était inconnu, les hommes et les choses, le passé et le présent, et, s'ils fussent tombés dans la lune, ils n'auraient pas été plus dépaysés.

C'est ainsi que, dans l'espace de douze années, le *Moniteur de la Côte-d'Or* eut successivement comme rédacteurs M. Ulysse Pic, M. Dufour-d'Astafford, M. Edmond Delière, M. Dukett, M. Hippolyte Thibaud, M. Léon Vinzac et M. Henri de la Garde, sans compter les interrègnes pendant lesquels, contrairement à nos engagements, nous remplissions provisoirement ces fonctions et écrivions des articles politiques signés... par notre ami Charpentier, chef de division à la préfecture, qui venait les lire très consciencieusement dans notre bureau pour voir s'ils étaient suffisamment orthodoxes.

M. Dukett était l'auteur du célèbre dictionnaire de la conversation, mais pas ferré, par exemple, sur la géographie. C'est ainsi qu'il partit un dimanche matin en villégiature à Plombières et demanda au premier habitant qu'il rencontra de lui indiquer... l'établissement thermal. L'avocat François, qui connut l'aventure, la raconta si drôlement dans l'*Union Bourguignonne* que ce pauvre M. Dukett comprit que sa position était devenue impossible et ne tarda pas à donner sa démission.

Malgré cette situation anormale, le *Moniteur de la Côte-d'Or* commençait à prospérer, quand M. Rabutôt nous porta un coup droit qu'il nous fut impossible de parer immédiatement. Hâtons-nous d'ajouter que c'était de bonne guerre, que le coup était net, franc, loyal, et qu'il ne nous a laissé aucune amertume au cœur. Dans un prochain article, nous raconterons cet épisode intéressant de l'histoire de la presse dijonnaise.

Pendant que nous étions occupé, Messieurs les jurés, à vous présenter notre défense, M. L. C., absent, paraît-il, depuis quelque temps, a repris sa plume anonyme. Avant son départ, il avait écrit, dans ce style châtié que l'on connaît, un article magistral qui débutait ainsi :

« As-tu vu la lune, mon gars ?
« Si tu n' l'as pas vue, la voilà ! »

Cette littérature folichonne, qui n'aurait pas été déplacée

dans le *Chat Noir,* a produit dans des journaux sérieux, comme *la Nouvelle Bourgogne* et *la Croix de Bourgogne,* un effet très singulier.

Aujourd'hui, M. L. C. semble avoir renoncé à ce genre un peu trop dégagé, qui demande, pour être tout au moins tolérable, un esprit vif, fin et délié, assaisonné de beaucoup de malice et d'un peu de tact. On doit donc le féliciter de sa détermination, *non licet omnibus adire Corinthum.*

Malheureusement, notre honorable professeur de morale et de bonne tenue politique est tombé dans un excès contraire. Ses derniers articles ont pris une allure grave, sérieuse, mais tellement lourde, qu'on sent les pénibles efforts qu'il a dû faire pour plomber sa plume.

Cela cependant ne l'a pas empêché de nous viser sournoisement, et voici l'allusion oblique qu'il nous a décochée dans le paragraphe final de son article « La bonne presse » :

Nous ne faisons pas de personnalité, nous n'avons aucune rancune personnelle, mais quel que soit l'acte, la parole ou la tenue qui nous paraisse être une pierre d'achoppement pour les faibles, quel que soit l'homme ou le journal qui la produise, nous n'hésiterons pas à crier *casse-cou* à nos lecteurs.

Pareille chose ne peut se faire souvent sans écorcher quelque épiderme sensible. Ceci c'est la polémique et généralement le meilleur acte de charité qu'on puisse y exercer.

Nous ne savons pas trop ce que la charité vient faire dans cette dernière phrase amphigourique, mais si M. L. C. est sincère, s'il trouve vraiment que nous avons l'épiderme sensible, c'est que « sa viande humaine » doit être recouverte d'une peau de rhinocéros.

VIII

Dans la dernière partie de notre précédente plaidoirie, nous avons dit que, malgré sa situation anormale, le *Moniteur de la Côte-d'Or*, au début de l'année 1855, commençait à prospérer.

Si nous avions offert à nos abonnés quelques avantages matériels sous le rapport du format du journal et de son impression, notre prix d'abonnement était cependant plus élevé que celui de nos confrères. L'*Union Bourguignonne* paraissait trois fois par semaine, les mercredis, vendredis et dimanches ; son prix d'abonnement était de 16 fr. Nous parûmes les mardis, jeudis et samedis, au prix de 20 fr.

Mais le 31 mars 1855, et sans crier gare ! l'*Union Bourguignonne*, sous une forme typographique qui était une trouvaille et que nous respectons, annonça qu'elle paraîtrait à l'avenir et au prix de 22 francs :

TOUS LES JOURS

(Les dimanches et jeudis exceptés.

A ce sujet, un petit journal satirique dijonnais bigrement salé, la *Silhouette*, formula dans sa revue de fin d'année ces souhaits tintamarresques : A la *Côte-d'Or*, « des abonnés chez lesquels l'habitude devienne une seconde nature » ; au *Moniteur de la Côte-d'Or*, « un rédacteur inamovible » ; à l'*Union Bourguignonne*, « la semaine des quatre jeudis. »

Ce coup droit nous surprit au moment où nous commencions à organiser péniblement notre imprimerie avec des

3

ressources infimes. La fameuse subvention, suivant les gens bien informés, accordée au *Moniteur de la Côte-d'Or*, se composait réellement du privilège des annonces judiciaires et du paiement par le gouvernement de la moitié des appointements du rédacteur en chef, le complément restant à la charge du journal.

Si le *Moniteur de la Côte-d'Or* avait les annonces judiciaires, par contre il n'avait pas celles des officiers ministériels, qui préféraient et à juste titre la publicité plus étendue de l'*Union Bourguignonne*. Cette publicité prit bientôt, du reste, par suite de cette augmentation de périodicité, une grande importance au point de vue des annonces commerciales.

Pendant près de deux ans, le *Moniteur de la Côte-d'Or* resta dans cet état d'infériorité déplorable, et M. Rabutôt, ayant fait l'acquisition de l'imprimerie Loireau-Feuchot, qui était alors une des plus importantes, non seulement de Dijon, mais encore de la province, sut tirer habilement parti de ces avantages pour donner à l'*Union Bourguignonne* une remarquable allure, un intérêt réel et soutenu et un développement considérable.

Ce fut seulement le 1er janvier 1857 qu'il nous fut possible de rétablir l'équilibre. Le *Moniteur de la Côte-d'Or* parut alors à son tour cinq fois par semaine, mais au prix de 24 fr., prix que l'*Union Bourguignonne* adopta aussitôt, mais en le justifiant par une petite augmentation de son format.

A partir de ce moment, ce fut entre ces deux journaux une lutte sans trêve et sans merci, au grand avantage de leurs abonnés, qui profitaient de tous les efforts faits de part et d'autre pour mériter et conserver leurs faveurs.

Cette lutte dura douze années, de 1855 à 1867, et aujourd'hui le temps en ayant adouci l'âpreté, nous éprouvons un réel plaisir à en évoquer le souvenir. Mais nous avions affaire, et notre aveu n'est pas suspect, à un adversaire d'une réelle valeur. Intelligent, énergique, travailleur ardent et infatigable, M. Rabutôt était toujours prêt à saisir toutes les occasions qui pouvaient favoriser son journal aux dépens du *Moniteur de la Côte-d'Or*, et les malheureux rédacteurs ministériels, naturellement très paresseux, éprouvaient tous les jours de pénibles surprises, sans compter les reproches mérités qui leur étaient prodigués, mais, du reste, en pure perte, par l'administration préfectorale.

Dieu seul peut savoir le nombre des malédictions dont nous avons, pendant cette longue période, accablé mentalement M. Rabutôt, et si elles ont été enregistrées, cela doit représenter un total fort respectable. Mais comme, de son côté, M. Rabutôt n'a pas dû nous ménager les siennes, il est probable que ce ne sera pas un compte difficile à balancer.

Mais la principale force de l'*Union Bourguignonne*, force dont M. Rabutôt avait su apprécier la valeur considérable, était sa complète indépendance. Aussi, quand en 1865 le mouvement libéral commença à s'affirmer, nous comprîmes que, sous peine de le voir disparaître et dans l'intérêt même de la cause que nous défendions, il fallait que le *Moniteur de la Côte-d'Or* devînt lui aussi un journal indépendant.

Permettez-nous, Messieurs les jurés, de jeter un coup d'œil en arrière pour vous faire comprendre comment la Côte-d'Or fut un des départements où ce mouvement libéral prit si rapidement une si grande extension. Nous résumerons les faits aussi succinctement que possible, mais il est nécessaire que vous les connaissiez pour comprendre comment nous avons acquis l'expérience qui a guidé depuis notre ligne de conduite politique et donné le courage de dédaigner si longtemps d'odieuses attaques, pour choisir le moment qui nous paraîtrait le plus convenable pour démasquer nos adversaires anonymes et mettre en évidence les sentiments bas et intéressés qui les ont inspirés.

Aux élections législatives du 31 mai 1863, les candidats officiels étaient : pour l'arrondissement de Dijon, M. Vernier, député sortant, maire de Dijon. Pour l'arrondissement de Beaune, M. Marey-Monge, député sortant, et pour les arrondissements de Semur et Châtillon, M. Rolle, auditeur au Conseil d'Etat.

Ils avaient pour concurrents : à Dijon, M. Magnin ; à Beaune, M. E. Pelletan ; à Semur et Châtillon, M. Martenot, M. Lapérouse et M. Ch. Floquet.

Voici les résultats de ces élections :

M. VERNIER, 20,185 voix. Elu.
M. MAGNIN, 11,216 voix. '
M. MAREY-MONGE, 21,262 voix. Elu.
M. E. PELLETAN, 3,836 voix.
M. ROLLE, 20,707 voix. Elu.
M. MARTENOT, 4,493 voix.
M. LAPÉROUSE, 3,478 voix.
M. CH. FLOQUET, 1,750 voix.

Mais, le 12 août suivant, M. Vernier ayant été nommé conseiller d'Etat, de nouvelles élections eurent lieu les 13 et 14 décembre, et donnèrent les résultats suivants :

M. SAUNAC, candidat officiel, 15,187 voix.
M. MAGNIN, candidat indépendant, 18,650 voix, élu.

La candidature officielle venait de recevoir dans la Côte-d'Or un coup mortel, et quand, en 1865, s'ouvrit la période électorale pour les élections municipales, il fut impossible de constituer une liste de candidats consentant à accepter la tutelle administrative.

Dans ces conditions, le préfet dut se déclarer neutre, et voici en quels termes il fit porter par le *Moniteur de la Côte-d'Or* connaissance de cette décision aux électeurs.

ÉLECTIONS MUNICIPALES

Un grand nombre de nos amis se préoccupent du silence et de la réserve du *Moniteur de la Côte-d'Or*, dans la lutte électorale qui s'agite aujourd'hui. Ce serait un tort de croire que nous nous regardons comme désintéressés dans de pareilles questions. L'avenir du pays, la bonne gestion des affaires de la commune sont des intérêts trop graves et trop précieux pour qu'on puisse les oublier, dans un sentiment complet d'indifférence.

D'un autre côté, organe de l'administration, confiant comme elle dans le patriotisme de nos concitoyens, nous avons pensé que nous devions imiter sa réserve, et l'impartialité de son attitude a commandé la nôtre.

Il n'y avait donc, dans ces circonstances, que deux partis à prendre : ou laisser passer, sans lui accorder la moindre mention, le mouvement électoral, ce qui eût été un manque de déférence envers l'opinion publique ; ou accueillir indistinctement, dans nos colonnes, toutes les listes de candidats dont la déposition légale au parquet autorise la publication. C'est à cette dernière détermination que nous nous sommes arrêté.

M. H. DE LA GARDE.

Il y eut trois listes que le *Moniteur de la Côte-d'Or* publia pendant toute la durée de la période électorale, non pas les unes au-dessus des autres, ce qui aurait pu faire douter de sa neutralité, ou tout au moins faire soupçonner certaines préférences, mais les unes à côté des autres.

Voici ces trois listes. Elles ont été établies il y a seulement vingt-sept ans. Hélas ! combien depuis ont disparu !

LISTE DU COMITÉ LIBÉRAL

MAGNIN, député.
BARGY, fabricant de produits chimiques.
BAUDIN, négociant.
BLONDEAU, docteur-médecin.
BROISSANT, fabricant de voitures.
CLOUSIER, menuisier.
COLLIOT, inspecteur d'Académie.
D'AZINCOURT, avocat.
DUBOIS, avoué à la Cour.
DURANDEAU, notaire.
ENFERT, avoué.
FRANOY, ancien agent voyer.
FREMIET, avocat.
GLEIZE, avoué.
JOLIET, ancien notaire.
JOUAN fils, négociant en vins.
LAVALLE, docteur-médecin.
LEMOULT-PÉTROT, négociant.
LÉVÊQUE, avocat.
LORY, ancien serrurier.
LUCE-VILLIARD, manufacturier.
MAIRE (Antoine), négociant.
NICOLIN, agréé.
PANSIOT, conducteur des ponts et chaussées.
RÉGNEAU, brasseur.
ROBELIN, fabricant de produits chimiques.
ROBERT-PANSIOT, négociant en vins.
THEVENIN, architecte.
TRIVIER-CARRÉ, brasseur.
VERNEAU, pharmacien.

LISTE DU COMITÉ INDUSTRIEL ET COMMERCIAL

AMELINE-GUERRE, industriel.
BASSOT aîné, négociant.
CHAPUIS, marchand de fer.
COUTURIER, avoué.
DARCY, maître de forges.
GRENIER (Eugène), négociant.
GUIOT, banquier.
HUAN, fabricant de vinaigre.
HUGUENIN, agréé.
LABORIE, ingénieur en chef.
LAURENT aîné, fabricant de chapeaux.
LECONTE, horticulteur.
LIÉGEARD, maire de Dijon.
LOMBARD, avocat.
LORY, avoué.
MAITRE (Antoine), industriel.
MANUEL (Charles), président de la Chambre de commerce.
MASSON-HENRY, négociant.
MASSON-NAIGEON, président du Tribunal de commerce.
MONNOT, agriculteur.
MORELOT, directeur de l'Ecole de médecine.
MUTEAU (Charles), conseiller.
RÉGNIER (Théodore), cultivateur.
ROUSSIN, avocat.
SAVEROT, conseiller.
SEGUIN, constructeur-mécanicien.
SORLIN père, entrepreneur.
THEVENOT, directeur de l'Ecole normale.
TOUSSAINT, ingénieur.
VIRELY, notaire.

Quant à l'*Union Bourguignonne,* ayant refusé de se rallier à la liste indépendante du Comité industriel et commercial, elle composa une liste dite de conciliation, en empruntant onze candidats à cette liste, neuf à celle du Comité libéral, M. Magnin en tête, et la compléta par les noms suivants :

DE LA CUISINE, président à la Cour.
Raoul DE SAINT-SEINE, propriétaire.
DE CHARREY, propriétaire.
GAULIN, père, ancien adjoint.
CHEVALIER, ancien notaire. ·
POISELET, ingénieur civil.
BRESSON, avoué.
OLIVIER-SAUSSIÉ, négociant.
MONTAGNE, président du Bureau d'assistance judiciaire.
Edmond MORCRETTE, avocat.
GOISSET, ancien maître de poste.

La liste libérale passa au premier tour de scrutin avec les chiffres maxima et minima de 4,777 et 3,613 voix, contre 2,865 et 1,065 accordées aux candidats les plus favorisés des deux listes indépendantes.

Il y a des courants qu'on ne remonte pas. Mais comme les candidats ne veulent jamais reconnaître les véritables causes de leur défaite, ce fut le préfet auquel on attribua ce résultat qui n'était pas cependant imprévu, et il fut, comme le *Bien Public* devait l'être en 1891, dans une pareille circonstance, qualifié « d'homme peu sûr et perdu de mœurs politiques », suivant les expressions charitables de la *Nouvelle Bourgogne*.

Les événements se précipitaient et le moment était proche où nous allions être obligé de prendre, au sujet du *Moniteur de la Côte-d'Or*, une grave résolution, qui nous apparaissait pleine de périls et de difficultés.

IX

Les attaques dont M. le baron de Bry était l'objet, depuis les élections de 1863, prirent, après les élections municipales de 1865, une nouvelle intensité. Il se savait desservi en haut lieu par les hommes mêmes qui avaient, par leur outrecuidance, leur vanité, leur intolérance bête et leur égoïsme prodigieux, provoqué dans le département, et à Dijon particulièrement, un grand mécontentement que les libéraux avaient su exploiter habilement, et il ne se faisait aucune illusion sur le sort qui lui était réservé.

Mais ce qui affectait et révoltait à la dernière puissance sa nature franche et loyale, c'étaient les lettres anonymes qui lui étaient prodiguées. Dans ces lettres, méchantes et perfides, que nous avons eues sous les yeux, les menaces les plus violentes et les accusations les plus odieuses étaient formulées avec un luxe d'adjectifs qui dénotait chez leurs auteurs une connaissance approfondie de la langue française.

— Vous êtes, lui disait un de ces écrivains anonymes, le digne fils du farouche et ardent conventionnel Jean de Bry, et vous avez voulu rendre hommage à sa mémoire en favorisant traîtreusement les idées révolutionnaires. C'est vous, lui disait un autre, qui avez fait les élections municipales ; votre neutralité a été un acte aussi indigne que celui que vous avez commis en écrivant votre lettre au maire d'Auxonne pour assurer le succès de la candidature de M. Magnin. En un mot, c'était lui « ce pelé, ce galeux, d'où venait tout le mal. »

Ces objurgations nous sont revenues à la mémoire quand, au lendemain des élections municipales de 1891, nous lûmes dans la *Nouvelle Bourgogne* et marquées au coin des sentiments charitables qui distinguent cet organe essentiellement conservateur, et comme il le dit lui-même : « le plus carrément catholique du département », les lignes suivantes : « Ah ! Messieurs du *Progrès*, du *Petit Bourguignon* » et du *Petit Dijonnais*, saluez votre nouveau confrère en » République, saluez-le, chapeau bien bas, tendez-lui avec » amour vos mains fraternelles et reconnaissantes, car vous » lui devez, à coup sûr, la meilleure partie de vos éclatants succès. Avec un journal comme le *Bien Public*, » avec un tel instrument de combat, le résultat de la lutte » fut ce qu'il devait être. Malheureux conservateurs, dupes » d'un mirage de publicité, qu'alliez-vous faire dans cette » galère ? »

Nous aurons occasion, Messieurs les jurés, de revenir sur ces articles, dont nous ne vous avons encore fait connaître que quelques extraits. M. Paul Jobard, notre fils, président du syndicat des imprimeurs dijonnais et directeur de l'imprimerie du *Bien Public*, dont nous devrons, au cours de notre plaidoirie, vous faire connaître l'importance et l'organisation, était au nombre des candidats qui figuraient sur la liste que nous avions défendue. Naturellement, l'écrivain anonyme de la *Nouvelle Bourgogne* ne manqua pas de saisir cette occasion pour déverser sur lui sa bave venimeuse ; mais n'anticipons pas.

La lettre de M. le baron de Bry, à laquelle nous avons fait allusion, écrite au sujet d'une proclamation de M. le maire d'Auxonne aux électeurs, fut exploitée contre lui avec une haine perfide et aussi passionnée que le fut contre nous, par la *Nouvelle Bourgogne*, notre adhésion au toast de Mgr Lavigerie, qu'elle qualifiait charitablement, suivant son habitude, de « pétard nauséabond ».

Voici cette lettre qui, mieux que tout autre document, donnera une juste idée du caractère élevé de cet administrateur honnête et loyal :

Le Préfet de la Côte-d'Or aux électeurs
de la ville d'Auxonne,

Messieurs les Electeurs,

M. le maire d'Auxonne, en faisant appel à vos suffrages en faveur de M. Saunac, candidat recommandé par le gouvernement, a cru pouvoir vous dire que tout autre choix vous exposerait à perdre l'avantage de posséder l'Ecole d'artillerie et votre nombreuse garnison.

Dans cette circonstance, M. le maire s'est laissé entraîner par un zèle irréfléchi.

En effet, si l'administration a le droit de donner de sages conseils aux électeurs, de les prémunir contre les intrigues des partis, il lui est interdit par la loi et les instructions formelles du gouvernement, d'exercer une pression sur les consciences par des promesses ou en inspirant des craintes. Son premier devoir est d'assurer la pleine liberté et la sincérité des élections, et depuis que j'ai l'honneur d'administrer le département de la Côte-d'Or, je ne me suis jamais écarté de ce principe. Je viens donc, pour réparer l'erreur *qu'une préoccupation mal fondée des intérêts de votre ville* a pu seule faire commettre à M. le maire, vous dire, messieurs les électeurs :

Votez en toute sincérité pour le candidat qui vous paraît devoir être préféré, et quel que soit le résultat de l'élection à laquelle vous allez prendre part, soyez convaincus qu'il ne pourra causer aucun préjudice aux intérêts de la ville d'Auxonne.

Le Préfet de la Côte-d'Or,
Bon DE BRY.

Dijon, 11 décembre 1863.

Nous avions souvent entretenu M. le baron de Bry de nos projets et de la transformation que nous avions l'intention de faire subir au *Moniteur de la Côte-d'Or*. Avec nous, il reconnaissait que ce journal, en présence de la situation politique créée dans le département par les dernières élections, ne pouvait plus avoir aucune influence sur les électeurs, et que son intervention serait, à l'avenir, certainement plus nuisible qu'utile. Mais, comme il prévoyait aussi que cette indépendance, que nous désirions si vivement, ne pourrait être obtenue que par une violente rupture avec l'administration, il nous engageait amicalement, et dans notre intérêt, de ne pas brusquer un événement qui le mettrait dans une situation pénible s'il était obligé de prendre en cette circonstance des mesures qui seraient probablement ordonnées par le ministre, et qui pourraient avoir pour résultat la suppression du *Moniteur de la Côte-d'Or* comme l'avait été autrefois l'*Elu du Peuple*.

Nous lui promîmes donc d'agir avec la plus grande circonspection, et ne voulant pas, en considération de l'amitié qui nous unissait, être pour lui une cause de nouveaux ennuis, nous prîmes l'engagement de ne jamais mettre notre projet à exécution tant qu'il resterait préfet de la Côte-d'Or.

Un matin il nous fit appeler pour nous annoncer que l'événement qu'il prévoyait était accompli, et nous pria de faite insérer dans le *Moniteur de la Côte-d'Or* les lignes suivantes :

Un décret impérial, en date du 16 octobre 1865, rendu sur la proposition de M. le ministre de l'intérieur, nomme : Préfet de la Côte-d'Or, M. le baron Jeannin, préfet de la Moselle, en remplacement de M. le baron de Bry, admis, sur sa demande et pour cause de santé, à faire valoir ses droits à la retraite, et nommé préfet honoraire.

Et je vous en prie, mon cher ami, nous dit-il, quand nous prîmes congé de lui, dites à M. de La Garde de ne faire suivre cette note d'aucunes réflexions. N'oubliez pas, ajouta-t-il en souriant, que le *Moniteur de la Côte-d'Or* est encore aujourd'hui le journal de la préfecture, et on pourrait croire que c'est moi qui les ai inspirées. Nous ne voulûmes pas prendre cet engagement, et M. de La Garde sut, avec un tact parfait, lui rendre un hommage mérité.

On eût dit que la nouvelle municipalité qui s'était installée d'un seul bloc à l'Hôtel de ville, avait attendu la nomination d'un nouveau préfet pour se mettre à l'œuvre. Pour commencer, elle décida qu'à l'avenir les séances du Conseil municipal seraient publiques. Puis, sans désemparer, elle mit sur le chantier un projet d'aménagement de la ville, comprenant la démolition des remparts, le percement de boulevards, le comblement des fossés du parc, le voûtement de Suzon, etc., etc. Il fut aussi décidé qu'à l'avenir tous les emplois de la ville seraient donnés au concours : plus de faveurs, plus de népotisme, tout au mérite. Quant au théâtre, il fut l'objet de profondes réformes, dont la plus étonnante fut l'application du suffrage universel à la réception des artistes.

Cependant, comme l'exécution de tous ces projets demandait de longues études préparatoires, le Conseil municipal, pour faire prendre patience aux électeurs, eut l'idée géniale d'instituer des conférences publiques. M. le maire fit donc à ce sujet appel aux orateurs de bonne volonté et aux professeurs de nos facultés. Cet appel fut

entendu, et dans les derniers jours du mois de décembre,
M. Joliet, maire de Dijon, informa les citoyens dijonnais
que ces séances instructives commenceraient prochainement.

Ces conférences furent inaugurées par M. le docteur
Lavalle le 29 janvier 1866. Elles eurent lieu pendant les
mois de février et de mars 1866 et 1867. Voici les sujets
traités par les conférenciers au cours de ces séances populaires ; nous croyons que leur nomenclature sera lue avec
un certain intérêt :

« *Du thé* », M. le docteur Lavalle.

« *De l'électricité* », M. Billet.

« *Sur la formation du système du monde* », M. Villié.

« *Sur les abeilles* », M. Brullé.

« *Sur l'introduction indispensable à l'étude de l'hygiène* », M. le docteur
Brulet.

« *De la lumière et de ses effets* », M. Billet.

« *Des gens d'esprit de l'ancien Dijon* », M. Aubertin.

« *Des chansons populaires du moyen âge* », M. Boré.

« *De l'ancienne comédie à Dijon* », M. Billet.

« *De l'éducation hygiénique de l'homme de son enfance à son développement
et à sa mort* », M. le docteur Brulet.

« *La grandeur en déshabillé, la Palatine et Saint-Simon* », M. Aubertin.

« *Les îles de corail* », M. Brullé.

« *De la vie et des œuvres de Sapho* », M. Benlœw.

« *La chimie moderne, son objet et ses principales lois* », M. Ladrey.

« *De la naissance et de la fin des littératures* », M. Benlœw.

« *Du pain* », M. le docteur Lavalle.

« *De quelques types de la comédie française au dix-septième siècle : le finan-
cier, le spéculateur et l'enrichi* », M. Aubertin.

« *Sur les falsifications du lait et les moyens de les reconnaître* », M. le
docteur Lavalle.

« *Sur les chants nationaux de la Bourgogne et de la Suisse* », M. Boré.

« *Sur l'hygiène* », M. le docteur Brulet.

« *Sur le patriotisme au théâtre, à propos du* LION AMOUREUX, *de Ponsard* », M. Aubertin.

« *De l'air* », M. Ladrey.

« *Sur la sorcellerie et sa répression en France* », M. Tissot.

« *Sur la construction de la chaussée et l'établissement de la voie d'un chemin de fer* », M. Villié.

« *Des phénomènes chimiques qui se produisent au sein des êtres vivants* », M. Ladrey.

« *Sur les beaux jours de l'île de Lesbos* », M. Benlœw.

Si, pendant les premières conférences, les citoyens qui avaient nommé le Conseil municipal crurent devoir écouter tranquillement les orateurs, espérant toujours les voir aborder des sujets suivant eux plus à l'ordre du jour, ils finirent cependant par perdre patience, et au mois de mars 1867 les séances devinrent excessivement tumultueuses. Ils demandaient avec instance un changement de programme : Parlez-nous, criait-on, de la suppression des armées permanentes, du droit de réunion, de la liberté de la presse, du droit d'association, de la diminution des gros traitements, de la suppression des octrois, de la grève du milliard, de l'abolition des candidatures officielles. Bref, ces conférences devinrent impossibles, la dernière eut lieu le 26 mars 1867, et depuis on n'en entendit plus parler.

X

Pendant toute la durée de l'année 1866 et les premiers mois de 1867, notre situation fut supportable. Mais, du reste, nous n'avions aucune relation avec M. le baron Jeannin, qui s'entendait directement avec M. de La Garde.

On était tout à la joie ! Nous ne trouvons pas de phrase qui rende mieux la situation à ce moment. M. le baron Jeannin jouait du libéralisme officiel avec un brio et un entrain ébouriffants ; on eût dit qu'il n'avait fait autre chose de sa vie.

Dès que le Conseil municipal proposait une réforme soi-disant libérale, M. le préfet prenait sa plume et adressait une longue lettre à M. le maire pour lui donner son avis sur la question, la discutait sous toutes ses faces et concluait toujours par une approbation bien sentie. De son côté, M. le maire s'empressait de répondre dare dare, et ces lettres, insérées *in extenso* dans le *Moniteur de la Côte-d'Or*, et accompagnées naturellement par les commentaires du rédacteur en chef, qui distribuait ses éloges à ces deux honorables et dévoués fonctionnaires avec une remarquable impartialité, occupaient souvent huit à dix colonnes du journal.

Une grande fête au profit des pauvres, organisée sous les patronages réunis de l'administration municipale et de l'administration préfectorale, faillit cependant amener un refroidissement dans ces rapports jusqu'alors si chaleureux. Les salons, suivant l'expression du rédacteur officiel du *Moniteur de la Côte-d'Or*, expression qu'il devait reprendre plus tard pour son propre compte, boudèrent ; les industriels et les commerçants se montrèrent froids et réservés, de telle sorte que le quadrille d'honneur que M. le préfet et M. le maire (nous ne pouvons rappeler le nom de leurs danseuses, le *Moniteur de la Côte-d'Or* n'ayant pas cru devoir donner, et pour cause, un compte rendu de cette fête) fut dansé devant les banquettes. Nous avons assisté à cette ouverture de bal, c'était navrant.

Ces deux administrateurs s'accusèrent réciproquement

d'être la cause de cet insuccès. Mais une autre fête organisée par les industriels et les commerçants, sans aucun patronage officiel, donnée quinze jours après, fut si brillante et donna de si beaux résultats, qu'elle fit oublier cette malencontreuse fête administrative et remettre tout à la joie.

Deux élections qui eurent lieu dans le canton de Saulieu, le 19 mars 1866, et dans lesquelles les candidats du gouvernement furent élus, ne troublèrent pas la sérénité du ciel politique qui couvrait notre département privilégié. Il faut dire aussi que ce fut un si maigre succès pour l'administration préfectorale, que l'opposition put y voir le présage de ses futurs succès. Voici le résultat de ces élections au second tour de scrutin :

CONSEIL GÉNÉRAL

M. ROY, candidat officïel, 1,368 voix. Elu.

M. RAUDOT, candidat indépendant, 1,342 voix.

CONSEIL D'ARRONDISSEMENT

M. GAGEY, candidat officlel, 1,385 voix. Elu.

M. THOMAS, candidat indépendant, 1,326 voix.

Et on continuait d'être tout à la joie. Ah ! le beau temps, le bon temps. La presse commençait à aborder avec une allure de plus en plus dégagée toutes les questions politiques qu'elle n'avait pu jusqu'alors traiter qu'avec les plus grandes précautions et toutes les réticences imaginables. Déjà on n'était plus obligé de lire entre les lignes, et bientôt le *Moniteur de la Côte-d'Or*, sous la direction libérale de M. le baron Jeannin, commença, lui aussi, à s'émanciper.

4

Nous sommes entraînés, bien malgré nous, Messieurs les jurés, à remettre sous vos yeux, autant avec nos souvenirs personnels qu'à l'aide de documents intéressants, la physionomie exacte de cette époque un peu trop oubliée. Mais cela est nécessaire pour vous faire comprendre que nous ne sommes pas un conscrit, et que ce n'est pas légèrement que nous avons accompli les actes politiques qui nous ont été si perfidement et si méchamment reprochés par la *Nouvelle Bourgogne*, et nous ont amené devant vous.

C'est donc avec un vif intérêt, vous le comprendrez sans peine, que nous suivions ce grand mouvement libéral. M. de La Garde qui avait, comme on dit, la plume facile, et espérait se faire une place dans la presse parisienne, avait engagé avec ses grands confrères de la capitale : l'*Etendard*, l'*Epoque*, le *National* et la *Presse*, une polémique très brillante et dans laquelle il se laissait entraîner trop souvent hors des limites que lui imposait le caractère officiel du *Moniteur de la Côte-d'Or*. Bientôt, en effet, les amis du gouvernement, qui n'approuvaient pas la voie libérale dans laquelle s'était engagé le journal de la préfecture, exposèrent leurs craintes et leur mécontentement à M. le baron Jeannin, et c'est à la suite des observations qui lui furent faites par ce magistrat que M. de La Garde écrivit, le 26 novembre 1866, l'article suivant, sous ce titre :

UNE EXPLICATION

Nous devons au public et à nos amis surtout, une explication devenue nécessaire. Nous devons les prémunir contre une espèce de procès de tendance qu'on nous fait dans certaines régions, qui, hâtons-nous de le dire, n'ont absolument rien d'officiel.

Donc, dans quelques salons, certains hommes à courte vue et mes-

quines idées, vont nous traitant hautement de déserteurs et de renégats,
d'écrivains hostiles au gouvernement.

Fuir la discussion, ce serait faire preuve de pusillanimité. C'est
chose permise à ceux qui ont des portes de derrière et des consciences
élastiques pour se tirer d'affaire dans toutes les situations. Nous n'avons
ni porte de derrière ni conscience à double fond.

Loin de suspecter les fidélités qui ont fait leurs preuves, des dévoue-
ments qu'il est sûr de retrouver sur la brèche, quand ceux qui les
calomnient lui tourneront le dos, le gouvernement de l'Empereur est
assez fort de son principe national et suffisamment armé de ses inten-
tions libérales pour permettre aux journaux qui lui sont dévoués de
discuter avec ses adversaires, lorsque ceux-ci (rendons-leur cette justice)
ne s'écartent ni du respect dû à la Constitution, ni des convenances de
langage pratiquées entre honnêtes gens.

On n'en accuse pas moins le *Moniteur de la Côte-d'Or* de faire de
l'hostilité au gouvernement de l'Empereur; mais le *Moniteur de la
Côte-d'Or* méprise toutes les calomnies.

Il est vrai qu'il entend la liberté de discussion d'une toute autre
manière que ces amis zélés de la deuxième heure, qui voudraient nous
réduire à l'état d'eunuques et s'effarouchent de notre libéralisme.

Donc, s'il est des esprits timorés que heurte en passant notre
manière de voir et de faire, nous les plaignons sincèrement, car ils ne
marchent pas, comme nous, avec les idées du temps; mais, au contraire, ils rétrogradent, ce qui est toujours une maladresse et un non
sens.

H. DE LA GARDE.

Tout cela était admirablement pensé, parfaitement
exprimé ; malheureusement, le *Moniteur de la Côte-d'Or*
avait, comme on dit, « un petit clou sous son soulier » qui
l'empêchait d'être cru sur parole. Ces manifestations de
sentiments libéraux ne produisaient donc pas l'effet qu'on
pouvait en espérer, et laissaient l'opinion publique complètement indifférente.

A chaque instant, du reste, le *Moniteur de la Côte-d'Or*
était obligé d'intervenir dans des questions que les citoyens

voulaient soustraire à l'action de l'administration préfectorale, et, malgré toutes les précautions, tous les ménagements
et tout le talent de ses rédacteurs, ses arguments, même
les plus sérieux, faisaient long feu. L'opposition, renforcée
journellement par des hommes appartenant à tous les partis
hostiles à l'empire, se montrait de plus en plus exigeante.

Au programme libéral de l'Empereur, les coalisés oppo-
saient un programme encore plus libéral, et les libertés
nécessaires de M. Thiers furent elles-mêmes bientôt largement distancées par celles que réclamèrent les monarchistes
libéraux au congrès de Nancy. Aussi, quand parut la lettre
célèbre du 19 janvier, l'accueil modérément enthousiaste
qui lui fut fait démontra qu'elle était loin de répondre
entièrement aux nouvelles aspirations libérales. Mais n'im-
porte, on continuait d'être tout à la joie.

L'adoucissement au régime de la presse promis dans cette
lettre fut considéré comme un engagement de briser prochainement toutes les entraves qui gênaient sa liberté, et
ce fut le thème sur lequel tous les journaux, aussi bien les
officieux que ceux de l'opposition, exécutèrent leurs plus
brillantes variations. Et Belmontet, oui, Belmontet lui-
même, l'auteur de ce vers célèbre, mais irrégulier :

Le plus beau feu d'artifice est d'être magnanime,

composa en l'honneur de la future liberté de la presse une
ode dont les vers, vu probablement l'importance du sujet,
variaient de sept à quatorze pieds, et commençait ainsi :

Sire, le monde entier vous écoute et vous regarde.
Les cœurs émus, pleins d'espoir, sont tressaillants.
Pour tous votre promesse altière est sûrement l'avant-garde
De vos projets de délivrance, qui seront fort brillants.

Comme par enchantement, sous l'influence du léger
zéphir libéral qui commençait à souffler, les cœurs se dila-
taient, les caractères s'adoucissaient, les fonctionnaires,
même les plus élevés en grade, prenaient des allures bon
enfant, tout à fait réjouissantes, et le maréchal Vaillant, qui
n'avait pas cependant, comme on le sait, la réputation d'être
commode tous les jours, fut le premier à donner l'exemple
en adoptant ces mœurs nouvelles.

Permettez-nous, Messieurs les jurés, de nous reposer
quelques instants. Quand nous reprendrons la parole, nous
vous raconterons à ce sujet une histoire intéressante qui
vous donnera la preuve que le tableau de la situation que
nous venons de mettre sous vos yeux n'est pas exagéré.

XI

Dans les premiers jours de mai 1866, plusieurs personnes
à Dijon furent mordues par des chiens enragés. L'émotion
produite par ces affreux accidents fut considérable, et
M. N. Fétu, interprète des sentiments qui animaient la popu-
lation, nous communiqua deux remarquables articles intitu-
lés : « Requête à nos concitoyens pour l'extinction de
la race canine », qui furent publiés dans le *Moniteur de la
Côte-d'Or* les 29 et 30 mai.

Ces articles furent réunis dans une petite plaquette devenue fort rare, et l'auteur en adressa un exemplaire au maréchal Vaillant, dont l'amitié pour les chiens était devenue lé-
gendaire à la suite d'un article publié dans le *Figaro* et dont
on lui attribuait la paternité ou tout au moins l'inspiration.

Cet article confirmait, en effet, certaines anecdotes dont il avait été beaucoup parlé, mais que l'on avait fini par considérer comme inventées à plaisir. Suivant l'auteur, le maréchal Vaillant connaissait le langage de la race canine, en un mot, parlait admirablement « le chien ». Et comme preuve à l'appui de cette assertion, il racontait que, quand le maréchal Vaillant était à Compiègne ou à Fontainebleau, où il faisait tous les matins une longue promenade à pied, il ne rentrait jamais au château sans être accompagné par tous les chiens qu'il avait rencontrés en chemin.

A son retour, il les confiait aux soins des piqueurs et ceux-ci, après avoir offert aux invités du Maréchal un plantureux déjeuner, les priaient poliment de regagner leurs logis respectifs, ce qu'ils s'empressaient de faire avec un ensemble parfait, car ceux qui, au début, avaient eu la velléité de s'installer dans un si bon gîte, avaient appris aux dépens de leurs échines les vrais principes de l'obéissance.

Et, avec un sérieux parfait, l'auteur citait, comme preuve du langage des chiens, ce fait très remarqué, c'est que, quand le maréchal Vaillant venait s'installer dans l'une ou l'autre de ces résidences impériales, tous les chiens des villages environnants étaient aussitôt prévenus et venaient, pendant toute la durée de son séjour, se faire inviter avec leurs confrères citadins de Compiègne ou de Fontainebleau.

Il affirmait aussi que, quand le maréchal Vaillant voulait se débarrasser de quelques fâcheux, il n'avait qu'à émettre, tout en causant, quelques sons gutturaux particuliers, pour que Brusca, qui était cependant la plus douce des chiennes, entrât aussitôt en fureur. Alors le Maréchal se levait brusquement, la prenait dans ses bras, comme pour protéger le visiteur, en lui faisant signe de s'éloigner au plus vite pour se soustraire au danger.

En 1869, le maréchal Vaillant voulut bien nous accorder une audience, que nous lui avions demandée pour lui faire connaître la vérité sur la fondation du *Bien Public* et l'éclairer au sujet de la ligne politique de ce journal, qui venait d'être représenté, dans un conseil des ministres, comme étant un journal orléaniste. Brusca était dans le cabinet du Maréchal, couchée sous son bureau. Pendant cette audience, qui dura plus d'une heure, elle ne témoigna pas la moindre impatience, et, ce qui prouve que nous n'étions pas un fâcheux, c'est qu'au moment où il mit fin à son audience, le Maréchal appela Brusca, nous la présenta très cérémonieusement, en lui disant : « C'est un monsieur de Dijon, un ami de M. Fétu, tu sais, celui qui veut tuer tous les chiens. » Je caressai Brusca très amicalement, et nous nous séparâmes, enchantés les uns des autres.

Comme on le voit, la plaquette de M. Fétu tombait bien. Aussi, quelques jours après son envoi, l'auteur reçut une longue lettre du Maréchal, lettre très humoristique, très gaie, mais dans laquelle cependant on voyait percer une certaine irritation qu'il n'avait pu ou du moins voulu dissimuler complètement. Voici cette lettre :

A M. Nicolas Fétu, à Dijon.

Paris, 8 juin 1866.

MONSIEUR,

Je voudrais pouvoir vous remercier de l'envoi que vous m'avez fait de votre brochure sur l'*Extinction de la race canine:* mais, en vérité, mon courage ne va pas jusque-là. J'ai horreur de ce nouveau massacre des innocents, objet de votre réquisitoire ; j'ai horreur de cette autre Saint-Barthélemy de chiens prêchée par vous ! Quoi ! vous tueriez le chien d'Ulysse, ce vieux chien aveugle qui reconnaît son maître après une absence de vingt années et qui tente un dernier effort pour venir encore une fois lui lécher la main ! Grâce, monsieur, grâce pour Argos, ne le tuez pas, il succombe à l'excès de sa joie..., laissez-le mourir de bonheur !

Vous tueriez le chien du jeune Tobie accourant de si loin pour annoncer au pauvre père aveugle la prochaine arrivée de son fils et la fin de ses malheurs !

Vous tueriez ce chien dont l'instinct plus que merveilleux sut découvrir saint Roch mourant de la peste au fond d'une caverne, dans un affreux désert ! Ce chien qui rendit au monde un homme presque Dieu par la charité et que tant d'actes sublimes de dévouement devaient conduire au ciel !

Vous tueriez ce vaillant chien de Montargis sans lui laisser le temps de dénoncer l'assassin d'Aubry de Montdidier, son maître, et de forcer Richard Macaire à confesser son crime !

Vous tueriez le chien de Fido, le chien de Jocelyn, qui a inspiré à Lamartine ces vers délicieux que l'on ne peut lire sans se sentir les yeux mouillés !

Vous tueriez le *chien du régiment*, le *chien du convoi du pauvre*, le *chien de Terre-Neuve, celui de l'hospice du Saint-Bernard*, après qu'il aurait retiré votre fils d'un précipice rempli de neige, ou qu'il l'aurait arraché aux flots prêts à l'engloutir ! Tous y passeraient sans exception, sans merci ni miséricorde...

... Vous tueriez Néro !...

Votre rage s'exercerait même sur mon chien, qui est là, couché contre la main qui vous écrit, les yeux fixés sur les miens et y lisant l'indignation dont je suis animé contre vous ! « Gronde ce » monsieur, semble-t-il me dire, gronde-le bien fort ; dis-lui comme » je t'aime, comme nous nous aimons ! combien j'aime ta sœur, ta » nièce, tous ceux qui te sont chers ; dis-lui que je veille sur toi à » chaque instant du jour et de la nuit ; cite-lui les noms de tous les » gens que j'ai mordus ; parle-lui de tous les pantalons que j'ai » déchirés, de toutes les robes que j'ai mises en lambeaux, unique-

» ment parce que les personnes qui les portaient voulaient te parler
» de trop près ; récite-lui quelques-uns des vers que le duc de Mala-
» koff, ton fidèle ami, a faits sur moi plus fidèle peut-être encore !
» Montre à ce vilain homme quelques-unes des épîtres françaises,
» latines, allemandes, italiennes que j'ai inspirées aux gens de cœur
» qui ont su m'apprécier chez toi ! Dis à ce calomniateur, incapable
» sans doute de comprendre un attachement pur et absolument désin-
» téressé, qu'au bas du beau portrait que l'habile Jadin a fait de ton
» chien, une jeune fille de douze ans, encore plus jolie, sinon plus
» douce et plus aimante que moi, a fait graver, parmi bien d'autres
» vers, tous à ma louange et que je mérite, j'ose le dire, ces deux
» lignes qui m'ont plus touché que le reste :
» . . . .

> » Du bien de mon bon maître en ami je profite :
> » J'aimerais son pain noir s'il était malheureux !

» Dis-lui que sur une belle gravure faite d'après ce portrait par le
» fils d'un général célèbre, on voit écrits ces autres vers :

> » Sulfureis captam depinxit doctus in arvis
> » Artificis calamus, quæ sedet, ecce et canem ;
> » At ne quære, precor, jacere dote venustam,
> » Nec quæ blanditias fundere dulcis eat ;
> » Corpus enim pingens animi meliora relinquit
> » Munera, nec vidit pectoris ille sinum ;
> » Victa equidem, vici victorem corde fideli,
> » Cura, grato animo, calliditate, jocis.

» Explique-lui bien que *arvis sulfureis* doit signifier : *sur le champ*
» *de bataille de Solférino ;* que *captam* veut dire que c'est toi qui m'as
» prise ; que *sedet* exprime que je suis représentée assise et non pas
» debout sur mes quatre pattes ; dis-lui que la petite antithèse (si
» c'est ainsi que cela s'appelle), *victa, vici victorem* est de toi, et que
» je la trouve assez jolie.

» Mais, mon bon maître chéri, fais mieux encore, n'écris pas à ce
» bourreau de chiens ; attends que nous allions ensemble présider le
» conseil général de ton cher pays ; alors tu m'ôteras ma muselière

» pendant quelques instants seulement, et tu verras si je ne rends pas
» la pareille à l'indigne qui vient de nous déchirer à si belles dents. »

En attendant que Brusca mette son projet à exécution, croyez-moi,
Monsieur, votre très humble serviteur.

LE MARÉCHAL VAILLANT.

Le lendemain, M. Fétu reçut une seconde lettre du Maréchal, dans laquelle il continuait de plaider le cause des
chiens au même point de vue sentimental en faisant cette
fois intervenir Buffon. Mais le véritable but de cette seconde
épître était de faire connaître dans le passage suivant son
opinion sur les causes de la rage :

. . . . . Il peut devenir enragé ! Voilà le grand mot lâché ! Eh
bien, avec les tortures que l'on inflige à ces pauvres animaux en vue
de précautions plus nuisibles qu'utiles, qui ne deviendrait pas enragé ?
Qu'on les laisse en liberté, qu'on les abandonne à leurs instincts, à
leurs affections naturelles, comme on fait en Turquie, comme on le
faisait en Algérie avant notre conquête, comme l'avait fait l'habile
administrateur de Dijon, il y a une quinzaine d'années, la rage dispa-
raîtra entièrement. . . . .

La liberté ! toujours la liberté ! ! c'était le remède du
jour, le remède à la mode, celui qui devait guérir tous les
maux passés, présents, futurs, nouveaux... même la rage.

M. Fétu s'empressa naturellement de saisir l'occasion qui
lui était offerte par ces deux épîtres pour affirmer sa thèse
avec une nouvelle énergie. Sa réponse au Maréchal fut
d'une remarquable précision. Il la divisa en trois points :
« la cause, le but, les moyens », qu'il exposa et développa
successivement dans une argumentation brillante, serrée et
pleine de bon sens. Avec une grande modération, mais sans
la moindre hésitation, il réduisit à leur juste valeur les

arguments sentimentaux invoqués par le Maréchal, et sut amener très habilement cette conclusion à laquelle celui-ci ne s'attendait certainement pas : c'est que si, dans l'intérêt de la sécurité publique, il jugeait cette mesure nécessaire, il supprimerait sans hésitation même Néro ! le chien favori de l'Empereur !

Nous regrettons, Messieurs les jurés, de ne pouvoir mettre entièrement cette lettre sous vos yeux, mais elle est bien longue et nous ne voudrions pas abuser de votre bienveillance. Permettez-nous donc cependant de vous citer ces deux passages, qui pourront vous en faire apprécier le caractère :

Buffon a fait une apologie admirable du chien, je le reconnais avec vous, M. le Maréchal, mais d'accord avec la conscience humaine, avec les traditions sacrées, avec Dieu, il a placé l'homme bien au-dessus de tous les autres êtres ; il en a fait le couronnement superbe de l'œuvre divine, il l'a déclaré roi de la création. La cause de l'homme est donc sacrée, et la défendre n'est point une honte, c'est un devoir.

Mais je veux entrer plus directement dans le fait qui m'est personnel : l'année dernière, un de mes meilleurs amis fut mordu au poignet par un chien errant soupçonné d'hydrophobie (on s'était trompé, heureusement). Je souffris plus que lui, peut-être, de ses anxiétés, de ses angoisses que je ne saurais décrire.

De ce jour, ma requête se dessina dans mon esprit, et je résolus dè saisir la première occasion pour la publier.

Si mon sentiment pour mon ami n'est pas supérieur à celui de l'homme pour le chien, je me condamne !

Quand, au mois d'août, le maréchal Vaillant vint à Dijon pour présider le Conseil général, il alla tout droit, sans se faire annoncer, rendre visite à M. Fétu, qu'il rencontra au moment où celui-ci finissait de déjeuner.

L'entrevue fut très cordiale, et, en vrai Bourguignon, le Maréchal se fit verser un verre du vin qui était sur la table, pour sceller et affirmer, en trinquant, la sincérité de leur réconciliation.

Ah ! le beau temps ! Ah ! le bon temps ! Mais pour légitimer notre enthousiasme, nous devons dire que ce grand mouvement libéral nous donnait l'espoir de pouvoir bientôt conquérir notre liberté. Directeur d'un journal n'ayant d'attaches avec aucun parti et ne relevant que de l'opinion publique, quel rêve !

Nous pressentions dans l'avenir de vives discussions politiques, des luttes électorales ardentes, passionnées, sinon courtoises, au moins toujours loyales, et avec des adversaires dont nous verrions les yeux.

Nous devons dire que depuis cette époque jusqu'à ce jour, nos vœux ont été largement exaucés, mais, par exemple, ce que nous n'avions pas prévu, car les mœurs politiques d'alors ne les faisaient pas pressentir, ce sont des confrères comme la *Nouvelle Bourgogne* et la *Croix de Bourgogne*, avec leurs rédacteurs de dessous terre.

Tout ce qu'on voudra, tout... mais pas ça !

XII

Au mois de juin 1867, quelques points noirs apparurent sur l'horizon. Le moment des élections pour le renouvellement des membres du Conseil général approchait, et les trois conseillers des cantons de Dijon : le maréchal Vaillant,

M. Vernier et M. Détourbet, allaient être soumis à la réélection.

Des symptômes peu rassurants commençaient à se manifester, et tout faisait prévoir une lutte électorale violente. M. le baron Jeannin examinait souvent la situation avec M. de La Garde : mais celui-ci, comme tous les rédacteurs qui l'avaient précédé, n'ayant pu établir que des relations restreintes et toutes superficielles avec quelques fonctionnaires, était complètement incapable de le renseigner sérieusement sur l'esprit public et se réfugiait dans un optimisme dont nous nous efforcions vainement de le faire sortir.

— Vous devriez voir le préfet, nous dit-il un jour, à la suite d'une conversation dans laquelle nous lui avions fait part de nos craintes au sujet des prochaines élections, et qui l'avaient un peu troublé.

— Si M. le baron Jeannin me fait appeler, je répondrai à son invitation ; mais je crains bien qu'il ne tienne aucun compte de mes avis. Du reste, il est trop tard, trop de fautes ont été commises, et si vous parvenez seulement à faire nommer le maréchal Vaillant, vous devrez vous estimer très heureux.

— Mais il n'aura pas de concurrent, nous répondit M. de La Garde, en témoignant une vive surprise.

— Je sais, en effet, que le comité électoral libéral n'a pas l'intention d'opposer de candidat au Maréchal ; soyez donc très réservé à son sujet.

Mais cela ne faisait pas le compte de M. de La Garde qui ne voulait pas perdre une si belle occasion de faire du zèle, en enfonçant une porte ouverte. Aussi deux jours après paraissait dans le *Moniteur de la Côte-d'Or* un grand article en faveur de la candidature du maréchal Vaillant, et dont

voici la conclusion : « Si, contre toute attente, surgissait
» une candidature jusqu'à présent inconnue et que le hasard
» du scrutin la fît triompher, il n'y aurait plus qu'à écrire
» sur la porte du Conseil général de la Côte-d'Or : « Désor-
» mais les médiocrités seules entrent ici. »

Le lendemain nous recevions un mot d'un de nos amis
qui nous disait que l'article du *Moniteur de la Côte-d'Or*
avait été considéré comme un défi et que le comité électoral allait le relever en opposant à la candidature du maréchal Vaillant, celle de M. d'Azincourt, avocat.

Nous fîmes part de cette décision à M. de La Garde qui,
très inquiet, s'en fut à la préfecture, pour se concerter avec
M. le baron Jeannin. Le lendemain matin M. Galpin, secré-
taire particulier du préfet, vint nous prévenir que ce
magistrat nous recevrait dans son cabinet entre neuf et dix
heures.

Dès que nous arrivâmes, et sans aucun préambule, M. le
baron Jeannin s'écria d'un ton qui dénotait une vive irritation : Il paraît, Monsieur, que vous avez des amis dans tous
les camps ! Je vous félicite d'être si promptement averti.
Heureusement, Monsieur, et je dois vous le dire, votre ami
a été mal renseigné. Le Maréchal n'aura pas de concurrent,
je vous l'affirme. Du reste, je sais que l'article de M. de
La Garde n'a pas eu le don d'obtenir votre approbation ; j'en
suis fâché, très fâché, car je puis vous le dire, c'est moi qui
l'ai inspiré.

— Eh bien, M. le préfet, je ne puis vous dire qu'une
chose, c'est que vous avez été vous-même très mal inspiré.
La lettre par laquelle j'ai eu ce renseignement émane d'un
ami sincère du gouvernement, mais quand même il en eût
été autrement, je ne pense pas que ce soit un crime de

connaître et d'estimer des hommes dont on ne partage pas toutes les idées politiques. Je proteste donc contre votre insinuation et je vous demande la permission de mettre fin à cette pénible audience.

En même temps que nous, M. le baron Jeannin se leva, et subitement radouci, nous pria d'oublier un mouvement de mauvaise humeur, provoqué par la fâcheuse nouvelle que lui avait donnée M. de La Garde. Il fallait venir vous-même, nous dit-il, me faire part de vos craintes, car en ce moment vos avis peuvent m'être précieux. Voyons, expliquez-vous franchement, que pensez-vous du résultat de ces élections !

— Ce que j'ai dit à M. de La Garde : c'est que la lutte sera très violente et que si vous avez des efforts à faire, il faut les réserver particulièrement en faveur de M. Vernier et de M. Détourbet, car je ne doute pas du succès de l'élection du Maréchal, M. d'Azincourt n'ayant ni la valeur ni la popularité de M. Fremiet et de M. le docteur Lavalle.

— Mais ce n'est pas M. Détourbet qui sera le candidat du gouvernement pour le canton Est, c'est M. Liégeard.

— C'est une chance de plus en faveur de M. Fremiet. M. Détourbet a la possession, ce qui est déjà beaucoup ; de plus, il s'est déclaré hautement, dès le premier jour, partisan des réformes libérales promises par l'Empereur.

— M. Détourbet, s'écria le baron Jeannin, en parcourant son cabinet avec agitation, M. Détourbet veut se présenter librement, il répudie toutes attaches officielles, je ne puis donc le considérer comme un ami sincère du gouvernement.

— Mais ne craignez-vous pas que la candidature de M. Liégeard, ancien maire de Dijon, ne soit considérée comme une protestation contre les élections municipales de 1865 ?

— Non, mille fois non ! M. Liégeard jouit de l'estime publique, et du reste cette élection n'a été qu'une surprise et, si j'avais été à cette époque préfet de la Côte-d'Or, les choses auraient tourné autrement.

— Eh bien, M. le préfet, je souhaite vivement que vous n'éprouviez pas prochainement une désagréable surprise.

— Décidément, nous dit-il, vous êtes un prophète de malheur, mais, à mon tour, je veux vous rassurer entièrement. Notre réussite sera complète, peut-être pas aussi brillante que je le désire, mais je vous affirme que tous les candidats du gouvernement sans exception seront nommés.

Notre entrevue était terminée, et nous nous séparâmes très froidement.

A partir de ce moment, le *Moniteur de la Côte-d'Or* prit une allure endiablée. Jamais la candidature officielle ne s'était trouvée à pareille fête, et la polémique engagée sur ce ton contrastait si étrangement avec les déclarations libérales qui, depuis près de deux ans, s'étalaient dans les colonnes de ce journal, que les électeurs en étaient profondément troublés.

M. Détourbet qui, après avoir abandonné sa candidature au canton Est, pour ne pas entrer en concurrence avec son ami M. Liégeard, avait accepté celle qui lui avait été offerte par plusieurs électeurs du canton Nord, fut l'objet des attaques les plus vives et les plus violentes, et présenté aux électeurs comme le pire ennemi des institutions impériales.

Dans plusieurs lettres qu'il adressa à M. de La Garde, il protesta énergiquement contre cette accusation, mais sans renier aucun des principes libéraux qu'il avait acclamés et qui seuls pouvaient, suivant lui, assurer l'avenir et la grandeur de la patrie.

Les élections pour le Conseil général eurent lieu les 3 et 4 août, en voici les résultats :

DIJON-OUEST

Le maréchal VAILLANT, conseiller sortant, 2,721 voix. Elu.

M. D'AZINCOURT, avocat, candidat de l'opposition, 1,209 voix.

DIJON-NORD

M. VERNIER, conseiller sortant, 1,251 voix.

M. LAVALLE, candidat de l'opposition, 1,066 voix.

M. DÉTOURBET, conseiller sortant, 390 voix.

Pas de résultat.

DIJON-EST

M. LIÉGEARD, ancien maire de Dijon, 1,468 voix.

M. FREMIET, candidat de l'opposition, 1,377 voix.

Pas de résultat.

Le deuxième tour de scrutin donna les résultats suivants :

M. VERNIER, 1,523 voix.

M. LAVALLE, 1,668 voix. Elu.

M. LIÉGEARD, 1,580 voix.

M. FREMIET, 1,706 voix. Elu.

Ce résultat fut commenté par le *Moniteur de la Côte-d'Or* avec une aigreur extrême, et comme il faut toujours que dans ces occasions il y ait un bouc émissaire, c'est M. Détourbet qui fut, comme M. de Bry l'avait été en 1863 et comme nous l'avons été nous-même en 1891 sur le réquisitoire de la *Nouvelle Bourgogne*, chargé de tous les péchés d'Israël.

Comme nous aussi, M. Détourbet protesta avec indignation dans la lettre suivante contre ce qu'il considérait à juste
titre comme de perfides et odieuses insinuations :

Vantoux, 12 août 1867.

A Monsieur le Rédacteur du Journal
le Moniteur de la Côte-d'Or.

MONSIEUR,

Après le double échec que vous et les vôtres venez de recevoir dans
le scrutin d'hier, vous osez encore revenir sur ma candidature et la
qualifier de diversion *injustifiable*.

Permettez-moi, monsieur, de vous dire ce qu'il y a d'*injustifiable* :
C'est votre conduite et celle des vôtres à mon égard ;
C'est la manière dont ma candidature a été écartée du canton Est.
J'ai dit d'ailleurs ce qu'il fallait penser des réunions électorales des
salons de la préfecture ;
C'est l'attaque violente dont j'ai été l'objet de votre part le lendemain du jour où vous m'aviez annoncé une complète neutralité.
Ce changement ne peut être attribué qu'à une haute pression.
Il y a quinze jours, selon vous, je n'avais aucune influence et je me
présentais seul. Aujourd'hui, selon vous encore, je suis la cause immé-
diate du résultat des élections. Veuillez, je vous prie, vous mettre
d'accord avec vous-même. Vraiment, vous me donneriez à penser que
vos attaques m'ont donné l'importance que vous m'aviez déniée en
premier lieu.
Serait-ce aussi à moi qu'il faudrait attribuer l'élection de M. Magnin
et celle du conseil municipal de Dijon tout entier, élections faites dans
le même esprit que celles d'hier et malgré vous ? Ne devez-vous pas
plutôt en rechercher la cause dans les candidatures officielles et dans
d'autres raisons que vous connaissez aussi bien que moi et que vous
ne voulez pas dire ?
J'ai l'honneur de vous saluer.

DÉTOURBET.

Sous la direction d'un préfet très agité et d'un rédacteur surexcité par la croix de la Légion d'honneur avec laquelle le gouvernement venait de récompenser, le 15 août, à l'occasion de la fête de l'Empereur, ses merveilleux succès électoraux, le *Moniteur de la Côte-d'Or* se trouvait dans la position d'un navire dont l'équipage affolé manœuvrait contre toutes les règles du plus simple bon sens. Aussi les hommes les plus sérieux et occupant dans le département les situations les plus considérables, commençaient à s'en éloigner, comme d'un journal compromettant.

La situation devenant tous les jours de plus en plus critique, nous jugeâmes que le moment était venu de mettre à exécution le projet que nous avions conçu depuis longtemps.

Le 2 septembre, nous adressâmes donc à M. le baron Jeannin une lettre motivée dans laquelle, après avoir exposé la situation du *Moniteur de la Côte-d'Or* et démontré, avec preuves à l'appui, que son influence, non seulement était devenue complètement nulle, mais fâcheuse, nous lui demandions l'autorisation de remplacer le titre de ce journal par celui-ci « *l'Impartial Bourguignon* », le priant en même temps de nous retirer le privilège des annonces judiciaires, ou tout au moins de les rendre libres.

A six heures, nous reçûmes la visite de M. Galpin, venant nous prévenir que M. le baron Jeannin avait reçu notre lettre, et nous recevrait le soir même, à dix heures, à la préfecture.

XIV

Pendant que nous nous efforçons, Messieurs les jurés, de faire pénétrer dans vos consciences le sentiment de notre complète indépendance, pour vous convaincre que nous n'avons jamais eu entre les doigts une plume vénale, comme l'ont donné à entendre la *Nouvelle Bourgogne* et la *Croix de Bourgogne,* une de nos vieilles connaissances, M. Cosson, propriétaire et rédacteur en chef du *Bourguignon Salé,* qui a pris lui aussi la fâcheuse habitude de dissimuler sa personnalité sous des pseudonymes variés, a cru devoir, à propos de *Notre Procès,* commencer à se livrer sournoisement contre nous à ce genre de littérature. Il est donc très probable que, quand nous aurons fini de plaider la cause actuelle, nous soyons obligé de nous présenter encore devant vous. — Mais revenons à la question.

Quand, à dix heures, nous arrivâmes à la préfecture, M. Galpin nous attendait. Il nous conduisit aussitôt près de M. le baron Jeannin, qui était dans sa chambre à coucher et que nous trouvâmes assis devant son feu, qu'il tisonnait fébrilement.

— J'ai reçu votre lettre, commença-t-il en nous indiquant le fauteuil qui se trouvait en face de lui, de l'autre côté de la cheminée, et je dois vous avouer qu'elle m'a causé une pénible surprise. A mon sentiment, vous exagérez certainement la situation, et je ne crois pas que le *Moniteur de la Côte-d'Or* soit aussi mal noté que vous voulez bien le dire.

— Je n'ai pas dit : mal noté, j'ai dit simplement que ce journal n'avait plus aujourd'hui aucune influence, et le résultat des dernières élections, malgré le réel talent de M. de La Garde, a dû vous en donner la preuve irrécusable.

— Mais à quoi attribuez-vous cette situation, pourquoi le *Moniteur de la Côte-d'Or* n'est-il plus écouté comme autrefois ?

— Parce qu'il est journal officiel. Du reste, Monsieur le préfet, et vous le savez aujourd'hui aussi bien que moi, presque tous les fonctionnaires reçoivent actuellement l'*Union Bourguignonne*, et je puis vous affirmer que le nombre des défections augmente tous les jours.

Mais alors, s'écria M. le baron Jeannin, dans un de ces mouvements de colère et d'emportement auxquels il s'abandonnait trop facilement, nous sommes donc des forçats libérés pour qu'on ne puisse marcher avec nous ! Mais j'aviserai ! Je veux que le *Moniteur de la Côte-d'Or* reste le journal officiel, le journal de la préfecture, et je saurai bien lui assurer la clientèle qu'il doit avoir !

— Vous obligerez les fonctionnaires à s'abonner ?

— Je ferai ce qui doit être fait, et je vous préviens que si vous donnez suite à votre projet, je supprimerai le journal, quitte à en reconstituer un autre, et ce ne sera pas difficile.

— Eh bien, M: le préfet, lui répondis-je, en perdant à mon tour le calme que je m'étais efforcé de garder jusqu'à ce moment, je vous confirme la lettre que je vous ai adressée aujourd'hui, et demain matin M. de la Garde ne sera plus rédacteur du *Moniteur de la Côte-d'Or*.

— Et ce sera ?

— Moi !

On peut difficilement se faire une idée de la violence de cette entrevue, à laquelle assistait M. Galpin, entrevue qui est aussi présente à notre mémoire que si elle s'était passée hier. Nous y mîmes fin en prenant congé de M. le baron Jeannin, mais celui-ci, au moment où nous nous dirigions vers la porte, ayant repris tout à coup son calme, nous dit posément et en accentuant ses menaces : Réfléchissez encore, Monsieur, vous allez faire un coup de tête, et vous le regretterez certainement, je vous en préviens.

— Non, M. le préfet ! Et en m'efforçant à mon tour de reprendre le calme qui m'avait également abandonné, je continuai en accentuant nettement mes phrases : Non, ce n'est pas un coup de tête, c'est un projet longuement et mûrement étudié, et dont j'ai pesé et examiné toutes les conséquences, même les plus fâcheuses.

M. Galpin, très ému, nous accompagna jusque dans la rue de la Préfecture. M. le baron Jeannin, nous dit-il, est très bon, croyez-le ; il a, c'est vrai, des emportements subits, mais il revient très promptement et souvent il les regrette sincèrement. Je vous en prie, ne brusquez rien, attendez encore quelques jours, car d'après une conversation qu'il a eue aujourd'hui avec quelques conseillers généraux, auxquels il a communiqué votre lettre et à laquelle j'assistais, il n'est pas aussi éloigné que vous pouvez le croire de partager votre opinion au sujet de l'impuissance actuelle d'un journal officiel. Je dois cependant vous l'avouer, je ne pensais pas que cette entrevue prendrait une pareille tournure.

Nous remerciâmes M. Galpin de sa communication, en lui témoignant notre regret de ne pouvoir suivre ses conseils. Notre décision était bien arrêtée, et le *Moniteur de la*

Côte-d'Or dût-il disparaître, rien ne pouvait plus en modifier ou retarder l'exécution.

Le lendemain matin, à la première heure, nous fîmes part à M. de La Garde de l'entrevue que nous avions eue la veille avec le préfet, le prévenant que nous prenions la signature à dater de ce jour, mardi 3 septembre 1867.

Dans l'après-midi, M. le baron Thénard vint nous voir. M. le préfet lui avait fait connaître notre discussion mouvementée, et avant de prendre les mesures qu'il pourrait juger nécessaires pour parer à la situation que nous venions de créer, désirait avoir le soir même dans son cabinet une nouvelle entrevue en présence de quatre conseillers généraux choisis parmi ceux que nous connaissions le plus particulièrement.

En fait, c'était un arbitrage que M. le préfet nous faisait proposer, et quoiqu'il y eût déjà de notre côté un commencement d'exécution, il nous était bien difficile de le refuser.

A huit heures, nous trouvâmes réunis dans le cabinet du préfet M. le baron Thénard, M. de Montgolfier, M. Marey-Monge et M. Ally. M. le baron Jeannin commença par exposer le but de la réunion qu'il avait cru devoir provoquer, et, après avoir lu notre lettre, discuté et commenté tous nos arguments, en faisant remarquer combien, suivant lui, ils étaient exagérés, il s'efforça de faire remarquer que nous étions guidé dans toute cette affaire bien plus par notre intérêt personnel que par l'intérêt politique sous lequel nous l'avions présenté. Si, cependant, Messieurs, conclut-il, vous ne partagez pas mon sentiment, je ferai droit à la demande de M. le gérant du *Moniteur de la Côte-d'Or*, en lui accordant, mais après en avoir conféré avec M. le ministre et M. le directeur général de la presse, le droit de changer le titre du journal. Mais quant au retrait du privilège des annonces judiciaires, je ne puis et ne veux prendre aucun engagement.

Quand M. le préfet eut terminé, M. le baron Thénard déclara qu'il approuvait sans réserves notre décision. Suivant lui, si la candidature officielle avait pu avoir, au début de l'Empire, sa raison d'être, actuellement et en présence des réformes libérales qui se préparaient, elle devenait un non-sens et ne pouvait que créer de fâcheux conflits. Il termina en disant : Quand je devrai demander aux électeurs le renouvellement de mon mandat, je vous affirme, M. le préfet, que si, à cette époque, il existe encore un journal de la préfecture, je le prierai de ne pas s'occuper de mon élection. M. de Montgolfier parla dans le même sens, et M. Marey-Monge se rangea franchement à l'avis de ses deux collègues.

Jusqu'au dernier moment, M. Ally avait gardé le silence, il n'avait même pas pris part à la discussion qui, plusieurs fois, était devenue générale. Eh bien, et vous, M. Ally, lui dit le préfet, faites-nous donc connaître aussi votre opinion ? Lentement et avec ce ton calme et froid qu'il savait si bien prendre en commençant ses plaidoiries, et qui ne faisait pas soupçonner l'éloquence entraînante qu'il savait si bien déployer quand une fois il était, comme on le disait, lancé, M. Ally examina à son tour la question. La décision prise par le *Moniteur de la Côte-d'Or*, dit-il, ne surprendra personne, car elle est depuis longtemps escomptée par tous les esprits sages, par tous les hommes qui approuvent hautement et sans réserves les réformes libérales promises par l'Empereur, réformes qu'ils considèrent comme la préface de toutes celles qui sont désirées et qui, je l'espère, ne tarderont pas à être accordées au pays. Vous avez, M. le préfet, fait allusion au droit que vous donne la loi de 1852 de supprimer ce journal, je ne le contesterai pas, mais à la veille de voir cette loi disparaître ou être tout au moins profondément modifiée, vous ne pourriez l'exercer, et vous le savez bien, sans soulever dans la presse entière une protestation qui aurait pour résultat de faire douter de la sincérité du libéralisme gouvernemental.

Je crois, M. le préfet, ajouta-t-il, qu'en nous réunissant, mes collègues et moi, vous avez voulu que nous nous portions garants de la sincérité des opinions politiques du directeur politique actuel, c'est-à-dire depuis ce matin, du *Moniteur de la Côte-d'Or*, qui doit devenir *l'Impartial Bourguignon*. Je n'hésite donc pas à vous déclarer pour ma part que j'ai en lui la plus grande confiance.

M. le baron Thénard, M. de Montgolfier et M. Marey-Monge ayant déclaré qu'ils avaient entièrement à notre égard les sentiments exprimés par M. Ally, il fut convenu que M. le baron Jeannin ferait le nécessaire pour obtenir du ministre l'autorisation que nous sollicitions. En levant la séance, M. le préfet témoigna combien il était satisfait de son résultat et crut devoir nous féliciter de l'unanimité avec laquelle nos juges s'étaient prononcés en notre faveur. Mais, hélas ! nous n'étions pas au bout de nos tribulations.

Pendant quinze jours, nous attendîmes vainement l'autorisation promise. Un jour, nos affaires nous appelèrent à Paris, et comme nous attendions sur le quai de la gare le départ de l'express de onze heures, nous vîmes arriver M. le baron Jeannin. Il passa devant nous, nous rendit froidement notre salut, puis revenant brusquement sur ses pas : « Vous partez pour Paris ? » nous dit-il.

— Oui, Monsieur le préfet.

— Moi aussi. Voulez-vous monter près de moi ?

Nous acceptâmes son invitation. En arrivant à Paris, et au moment de nous séparer, M. le baron Jeannin nous promit que l'autorisation que nous sollicitions nous serait accordée, qu'il s'en portait garant.

Deux jours après, rentrant à Dijon et confiant dans cette promesse, nous publiâmes en tête du *Moniteur de la Côte-d'Or*, le 25 septembre 1867, la note suivante :

Le *Moniteur de la Côte-d'Or* subira prochainement de profondes modifications. Sur notre demande, le privilège des annonces judiciaires va lui être retiré et ces annonces rendues libres.

Nous avons obtenu, en outre, de modifier le titre qui sera remplacé par celui-ci : *l'Impartial Bourguignon ;* ce changement aura lieu dans le courant du mois d'octobre prochain, quand l'arrêté concernant les annonces judiciaires aura été pris.

Ce n'est pas un nouveau journal que nous fondons ; c'est une transformation que nous opérons, transformation que nous avons jugée nécessaire dans l'intérêt même de la cause que nous défendons.

Dans sa lettre du 19 janvier, l'Empereur a dit :

« L'Empire, affermi par quinze années de calme et de prospérité, » peut donner à ses institutions tout le développement dont elles » sont susceptibles, et aux libertés une extension nouvelle, sans com- » promettre le pouvoir. »

Cette conviction est la nôtre, et ce sont ces principes libéraux que l'*Impartial Bourguignon* s'efforcera de défendre et de faire prévaloir.

EUGÈNE JOBARD.

Cette note produisit dans la presse une grande émotion. Tous les journaux indépendants la reproduisirent et la commentèrent chacun dans le sens de ses opinions politiques : « de derrière la tête ». Voici, sous ce titre

« *Un allié de plus,* la conclusion d'un article publié par
l'*Epoque :*

> « La presse départementale est destinée à jouer un rôle de plus en
> plus important sous le régime du suffrage universel. Des attaches trop
> étroites avec l'administration lui ôtent tout crédit ; et à une époque
> où le mot de décentralisation est dans toutes les bouches, le moins
> que l'on puisse faire pour mettre en pratique les idées que ce mot
> représente, c'est de créer en province des centres sérieux pour l'opinion.
> Le programme adopté par l'*Impartial Bourguignon* signifie la *liberté
> sans la révolution ;* il doit rallier tous les véritables amis du progrès. »

Dans la *Presse,* M. de Girardin publia également un grand
article en appréciant notre décision au même point de vue,
mais il ajoutait : « Malheureusement c'est un exemple qui
ne sera pas suivi. » Il fut prophète. Tous les journaux officieux, tous les moniteurs officiels des départements gar-
dèrent à ce sujet le silence le plus absolu. Un de nos
confrères, directeur d'un *Moniteur* d'un département du
Centre, crut devoir cependant nous adresser une lettre, dans
laquelle il nous qualifiait de traître, comme devait le faire
vingt-quatre ans plus tard la *Nouvelle Bourgogne,* en nous
autorisant à la publier.

Au mois de septembre 1870, nous rencontrâmes à Paris
cet honorable confrère. Impérialiste la veille, il était devenu
tout à coup et sans perdre le temps de respirer, d'un répu-
blicanisme outré. Comme nous le félicitions ironiquement
sur sa subite conversion, il nous répondit très sérieusement
et sur un ton qui dénotait une sincère et profonde conviction : « Ce n'est pas moi qui ai changé... c'est le gouvernement ! » Il est depuis douze ans chevalier de la Légion
d'honneur.

XV

Dans les premiers jours du mois d'octobre, sachant que M. le baron Jeannin était rentré à Dijon, nous lui demandâmes une audience. Nous voulions savoir si l'autorisation qui nous avait été promise nous serait enfin accordée.

— Certainement, nous répondit M. le préfet, mais M. de Saint-Paul ne veut pas considérer l'*Impartial Bourguignon* comme étant la continuation pure et simple du *Moniteur de la Côte-d'Or ;* suivant lui, c'est un nouveau journal, et cette autorisation ne vous sera accordée qu'après le versement justifié d'un nouveau cautionnement. Quant aux annonces judiciaires, je ne prendrai mon arrêté, comme tous les ans, qu'au 31 décembre.

— Mais si le *Moniteur de la Côte-d'Or* disparaît avant cette époque, où seront-elles insérées ?

— Dans l'*Impartial*, et, que vous le vouliez ou non, vous continuerez de jouir de ce privilège, ce qui donnera à votre journal le cachet officiel que vous répudiez.

— Mais alors, pourquoi me faire déposer un second cautionnement ?

— Je n'ai pas d'autres explications à vous donner ; cette décision a été prise par le ministre sur l'avis de M. de Saint-Paul ; arrangez-vous comme vous l'entendrez.

Le lendemain, nous déposions ce second cautionnement, et le 16 novembre paraissait le premier numéro de l'*Impartial Bourguignon*.

Voici l'article que nous publiâmes en tête de ce numéro
pour faire connaître à nos lecteurs les causes de ce changement de titre :

LE MONITEUR DE LA COTE-D'OR DE 1854
L'IMPARTIAL BOURGUIGNON DE 1867

I.

Depuis douze ans, l'Empire, acclamé par le suffrage universel, avait
pour mission de refaire l'ordre public, de réagir contre des excès
funestes, de relever la France d'une situation déplorable où elle s'était
mise elle-même. Des déviations profondes, comme celles que la société
avait éprouvées en 1848, ne se redressent pas sans une pression dou-
loureuse, et le pays la subissait. L'initiative et la force nécessaires à
l'œuvre dont il attendait son salut, exigeaient de sa part une docilité
résignée et il se résignait. Il ne répugnait pas à être en tutelle, et
quand il usait du droit de suffrage, c'était presque uniquement pour
nommer les hommes que le pouvoir désignait à son choix.

Ce régime n'était pas assurément le plus conforme à la dignité d'un
peuple libre, mais il était nécessaire, et telle quelle, cette première
période de l'Empire ne manque ni de prospérité ni de grandeur. Ses
adversaires les moins suspects reconnaissent aujourd'hui qu'il a accompli des œuvres utiles et dignes de reconnaissance : « Il apaisa les
» passions par la clémence, il fonda par des initiatives hardies la
» prospérité à l'intérieur, et à l'extérieur sa prépondérance par la
» gloire. » On peut donc ne point regretter d'avoir coopéré à cette
œuvre, et le *Moniteur de la Côte-d'Or* n'entend répudier en rien le
concours loyal et énergique qu'il lui apporta.

II.

Mais les temps changent, et il faut bien qu'ils changent pour que le
progrès puisse s'accomplir. L'Empire lui-même n'avait point la prétention d'immobiliser le pays dans la constitution de 1852 ; il avait eu

soin, au contraire, de la faire assez souple pour qu'elle pût se prêter à toutes les modifications réclamées par le progrès de l'esprit public, à mesure que le pays, pacifié et raffermi, recouvrerait le sentiment de ses droits, de sa dignité, de son indépendance. Quand l'Empire prit l'engagement de couronner un jour par la liberté l'édifice fondé par la dictature, le *Moniteur de la Côte-d'Or* fut de ceux qui crurent sans réserve à sa sincérité et qui s'en rendirent garants. Aussi le 19 janvier a-t-il été pour nous un jour mémorable et glorieux, et c'est avec une satisfaction profonde que nous avons recueilli l'assurance que « l'Empire, affermi par quinze années de calme et de prospérité, peut » enfin donner à ses institutions tout le développement dont elles » sont susceptibles, et aux libertés une extension nouvelle, sans com- » promettre le pouvoir ». Affermir l'Empire, assurer en lui tous les fondements du suffrage universel, préparer laborieusement les sillons où devaient germer un ordre nouveau, un avenir plus généreux, une liberté plus pure, telle avait été, dans sa modeste sphère, l'œuvre du *Moniteur de la Côte-d'Or* de 1854. Le 19 janvier fut son *nunc dimittis!* son existence n'avait plus de raison d'être, et sa transformation radicale fut résolue et arrêtée dans notre esprit.

III.

Le *Moniteur de la Côte-d'Or* cesse d'exister et devient l'*Impartial Bourguignon*. — L'*Impartial Bourguignon* croit à la lettre du 19 janvier et à l'opportunité des réformes promises par le chef de l'Etat. — Dès aujourd'hui, il y a deux partis dont il se tiendra également à l'écart : l'un qui, ne voulant tenir aucun compte des justes exigences du progrès, résiste à toutes les concessions; l'autre qui, n'admettant aucun tempérament, aucune mesure, demande au pouvoir, non pas des concessions, mais une abdication.

Ces résistances aveugles et ces exigences téméraires ont surtout le déplorable résultat de fausser profondément les luttes électorales.

Dans ces luttes, on se bat, — c'est malheureusement le mot, — on se bat pour des hommes qui représentent exclusivement des opinions extrêmes; les victoires qu'on cherche n'ont d'autre but que de légitimer des espérances réactionnaires ou d'encourager des espérances révolutionnaires, l'intérêt du pays est complètement oublié.

C'est là une situation fatale qui ne peut pas durer plus longtemps ; elle a fait notre éducation et nous y avons puisé l'expérience nécessaire pour en sortir. — Nous avons à marcher désormais avec une génération nouvelle qui a poussé et grandi depuis quinze ans, — on oublie trop cela. — Cette génération n'a point connu nos discordes, elle n'en a point respiré les haines ; elle trouve le terrain déblayé et les fondements d'un ordre nouveau solidement assis ; il est juste qu'elle puisse s'y mouvoir en liberté. — C'est elle, c'est ce flot généreux et pur qui est appelé à submerger tous les vieux débris de nos troubles civils et à fonder enfin le véritable règne du suffrage universel.

Le *Moniteur de la Côte-d'Or*, en s'effaçant, emporte avec lui le drapeau d'un parti qui n'a plus de raison d'être, et dont tous les éléments intelligents et honnêtes n'aspirent plus qu'à se fondre avec les éléments du parti de l'avenir. Il ne lègue à l'*Impartial Bourguignon* que la vignette qui ornait son frontispice. Elle symbolise, par les armes de notre vieille cité, notre attachement au pays, notre dévouement à ce coin de terre qui est, selon l'expression de Lamartine : « une petite patrie dans la » grande patrie ». C'est là un lien qui doit tous nous unir par-dessus nos dissentiments passagers, c'est un anneau que nous ne briserons jamais.

EUGÈNE JOBARD.

Le 31 décembre, le préfet de la Côte-d'Or prenait son arrêté concernant les annonces judiciaires, dont voici les principales dispositions :

1° Les annonces relatives à l'arrondissement de Dijon seront insérées dans l'*Impartial Bourguignon*, dans l'*Union Bourguignonne* et dans la *Côte-d'Or*, publiés à Dijon, au gré des parties ;

2° Celles relatives à l'arrondissement de Beaune, dans la *Revue Bourguignonne* ;

3° Celles relatives à l'arrondissement de Châtillon-sur-Seine, dans le *Châtillonnais et l'Auxois* ;

4° Celles relatives à l'arrondissement de Semur, dans l'*Echo de l'Auxois*.

Cet arrêté cependant n'était pas complet. Il y avait alors à Beaune deux journaux politiques, et contrairement à ce qui avait été décidé pour ceux de Dijon, un seul d'entre eux était désigné pour recevoir ces annonces ; nous publiâmes donc à la suite de cet arrêté la note suivante :

Tous les journaux publiés dans le département de la Côte-d'Or, excepté le *Journal de Beaune*, sont désignés cette année pour l'insertion des annonces judiciaires. Nous regrettons sincèrement cette exception. Le *Journal de Beaune* paraît, en effet, régulièrement depuis treize ans, tandis que la *Côte-d'Or*, désignée à Dijon dans l'arrêté que nous publions aujourd'hui, a paru pour la première fois vendredi dernier, et depuis ce jour a suspendu sa publication.

La vérité, c'est que M. le baron Jeannin s'occupait alors de la fondation d'un journal officiel pour remplacer le *Moniteur de la Côte-d'Or*. La *Côte-d'Or* devait être cet organe, et comme son organisation n'était pas encore achevée, on avait fait paraître ce numéro pour pouvoir le désigner dans l'arrêté, en attendant qu'il parût régulièrement.

Le 30 août 1868, l'*Union Bourguignonne* et l'*Impartial Bourguignon* fusionnèrent et le premier numéro du *Bien Public* fut publié le 31 août. Nous en confiâmes la rédaction à un écrivain dijonnais d'un grand talent, dont le nom est resté vingt-deux ans en tête de ce journal. Nous pouvons affirmer hautement que s'il n'avait pas rencontré dans cette feuille une indépendance complète, absolue, même dans les circonstances les plus critiques, il n'y serait pas resté vingt-quatre heures.

XVI

Quand, au lendemain des élections générales de 1885, le comité de l'union libérale crut devoir fonder par actions un journal à cinq centimes, nous considérâmes cet acte, non comme une manifestation de défiance à notre égard, mais simplement comme un moyen de faire pénétrer plus facilement dans la masse électorale les idées et les principes au nom desquels les candidats conservateurs avaient combattu.

Si quelquefois nous avons critiqué certains articles de ce journal, qui indiquaient des tendances qui nous paraissaient être en opposition avec le programme accepté par les candidats du comité de l'union libérale, nos discussions furent du moins toujours très courtoises, et nous fîmes ensemble la campagne électorale de 1889, sans que ses résultats donnassent lieu entre nous à de fâcheuses récriminations.

Mais quand la *Petite Bourgogne* fut abandonnée par ses actionnaires entre les mains de M. le directeur de l'imprimerie de l'Union typographique ??? cette feuille prit tout à coup une allure qui nous fit prévoir que la campagne commencée quelques années auparavant dans le *Franc Bourguignon*, campagne que nous avions arrêtée dès son début, en démasquant son auteur, allait recommencer avec une nouvelle ardeur.

Nos prévisions ne tardèrent pas à se réaliser. Groupant habilement autour de lui toutes les vanités blessées par nos refus d'accueillir leurs élucubrations passionnées et anonymes, toutes les rancunes, même les moins justifiées, en leur offrant les moyens de se venger, tous les hommes qui, pour une cause quelconque, pouvaient servir ses projets et en même temps le couvrir, cet industriel ! ! ! commença sournoisement, par quelques insinuations que nous pouvions être seul à comprendre, de tâter prudemment le terrain. Bientôt, enhardi par notre silence, ses attaques devinrent de jour en jour plus vives, ses allusions plus claires et plus précises. Son but se dessinait nettement, il voulait à tout prix nous déconsidérer et troubler, pour la détacher du *Bien Public*, sa clientèle catholique.

Pendant quelque temps nous restâmes indifférent à ces attaques, dont nous connaissions le but misérable et intéressé. Cependant, à la suite d'une insinuation dont la perfidie hypocrite avait dépassé toutes les bornes, nous crûmes devoir donner à cet industriel un premier avertissement dans le *Bien Public* du 17 novembre 1890.

Après cet article suffisamment transparent, puisque nous rappelions un incident que lui et nous devions être seuls à connaître, il cessa momentanément ses attaques, mais, comme on dit : « Nous ne devions rien perdre pour avoir attendu. »

Nous ne rappellerons pas les causes qui amenèrent la dissolution du Conseil municipal, qui avait encore un an à siéger, elles sont suffisamment connues. La période électorale s'ouvrit le 6 avril 1891, et les trois journaux républicains, le *Progrès de la Côte-d'Or*, le *Petit Bourguignon* et le *Petit Dijonnais*, s'entendirent pour soutenir une liste unique. Au premier tour de scrutin, seize candidats furent mis en ballottage ; mais, au second tour, les socialistes ayant renoncé à la lutte et s'étant en grande partie ralliés à la liste de l'union et de la concentration républicaines, ses candidats furent élus à une grande majorité.

C'est après ce résultat définitif et du reste parfaitement prévu, que parurent dans la *Nouvelle Bourgogne* des articles dont nous avons déjà, Messieurs les jurés, cité plusieurs passages et dont voici le principal :

ÉPILOGUE

Les élections complémentaires se sont terminées dimanche soir, comme il était facile de le supposer, par le succès de la liste de concentration républicaine.

Les ouvriers socialistes ont voté avec ensemble pour les opportunistes, qui les ont toujours trompés et qui se moquent d'eux : c'était à prévoir.

La franc-maçonnerie a ses ramifications dans toutes les couches, et son mot d'ordre finit toujours par y être suivi, même par ceux qui, en apparence, sont rebelles à toute direction. C'est la grande force du parti républicain.

La liste conservatrice est arrivée à peu près aux mêmes chiffres que le dimanche précédent. A un second tour de scrutin, il y a des électeurs qui se découragent, qui n'aiment pas à être dérangés deux fois, qu'une *certaine polémique* indispose ; ces tièdes et ces dégoûtés ont été encore en nombre relativement restreint.

MM. de Saint-Seine et Toussaint distancent leurs amis de deux cents voix environ. *M. Jobard fils est classé dans les derniers, séparé des têtes de liste par plus de trois cents voix. Il n'en pouvait être autrement après la singulière attitude du* Bien Public, *durant ces derniers jours principalement. Il a fallu toute la discipline, toute l'abnégation de la phalange conservatrice, pour que ce* NOM *ne reste pas à l'état d'*ÉPAVE.

De l'avis général, la campagne a été conduite de la façon la plus piteuse par la feuille de la place Darcy, qui avait, paraît-il, *fait ses offres de service avec toute l'insistance possible.* C'était un bon mouvement, tout à fait désintéressé, nous aimons à le croire ; *mais, franchement, ce journal soi-disant conservateur a soutenu ses candidats à la façon de la corde qui soutient le pendu.*

A de rares intervalles, on voyait s'étaler des *tartines immeenses enve-*
loppées d'un nuage comme à plaisir. Les électeurs qui avaient le courage
de les lire jusqu'au bout en étaient à se demander si les conservateurs,
arrivant au Conseil en majorité, enrayeraient au moins la dilapidation
des finances, opposeraient une digue à la laïcisation, aux folies des
palais scolaires...

Cette question de la construction du lycée qui a déterminé la crise
municipale, a fini par être présentée si clairement que la plupart des
ouvriers n'ont pas compris que les conservateurs avaient lutté pour
leur cause.

Ce qui a été le comble dans cette campagne électorale, c'est le
« grand patron » de la liste conservatrice osant, en pleine période électorale, adhérer bruyamment à la République du jour. *Nous avions eu*
le pétard Lavigerie, dont la fumée nauséabonde nous avait un instant suffo-
qués; il a bien fallu que nous subissions le « pétard Jobard », au moment le
plus inopportun ! L'un et l'autre ne sont que de vulgaires fusées, incapables d'aveugler longtemps le bon public, et pourtant elles ne manquent
pas « d'artifices ».

C'était aussi un bien charmant procédé que de déclarer dans un
article-programme que les candidats néophytes (lisez M. Jobard fils)
traités par les républicains de monarchistes avaient été calomniés !

Quel déshonneur pour des hommes, d'être associés au grand parti
qui personnifie tout le passé de la France glorieuse, tous les grands
principes religieux et sociaux, toutes les traditions d'honneur et de
devoir !

Et comme c'est agréable et flatteur pour la plupart des candidats qui
avaient abandonné leur nom en toute confiance au patronage du journal,
de le voir figurer dans la colonne voisine de cette déclaration républicaine.

On a prononcé le mot de trahison ; il n'est peut-être pas exagéré.

Décidément, pour une belle campagne qui a été menée là, c'est une
belle campagne.

Cet article était tout à la fois méchant, bête et marqué au
coin de la plus insigne mauvaise foi. Si nous ne l'avons pas
relevé le jour même de sa publication, c'est par respect pour

nos candidats, que nous ne voulions pas mêler à une fâcheuse polémique. Nous savions aussi que, malgré l'échec qu'il venait de subir, le comité conservateur avait la ferme intention de recommencer la lutte en 1892, et, dans ces conditions, puisque nous ne pouvions plus, après ces articles, lui donner notre concours actif, nous devions cependant ne lui ôter aucune de ses chances, en mettant nos divisions en évidence.

Contrairement aux assertions avancées dans cet article, nous n'avons jamais fait, comme le dit son auteur anonyme, « d'offres de services », pas plus, du reste, pour ces élections que pour toutes celles auxquelles nous avons pris une part active. C'est donc librement et sans aucune sollicitation de notre part que les candidats au Conseil municipal en 1891 sont venus nous demander notre concours. Ont-ils été, comme l'affirme la *Nouvelle Bourgogne*, « dupes d'un mirage de publicité » ? Cela est un cas de conscience dont ils sont seuls juges.

C'est dans notre cabinet que fut discuté et déterminé, avec les principaux candidats, le plan de cette campagne électorale. Malgré les dires de la *Nouvelle Bourgogne*, elle fut menée très énergiquement et avec un ensemble qui ne s'est pas démenti un seul instant.

La haine et la jalousie rendent aveugles. Si, en effet, la *Nouvelle Bourgogne* avait lu de sang-froid les articles qu'elle qualifie de « tartines immenses, enveloppées d'un nuage comme à plaisir », elle aurait facilement reconnu qu'ils ne pouvaient sortir de notre plume. Les sujets abordés, le talent avec lequel ils étaient traités, la précision et la clarté avec lesquelles ils étaient exposés, dénotaient, en effet, pour tout esprit non prévenu, que leurs auteurs connaissaient admirablement les questions qu'ils présentaient aux électeurs. Et quand parurent à leur sujet les appréciations flatteuses de la *Nouvelle Bourgogne*, si nous avions divulgué les noms de nos collaborateurs anonymes, on aurait certainement vu notre confrère, pris de court, renouveler sans broncher l'anecdote bien connue : « Dans une soirée dansante, deux invités qui n'ont pas été présentés échangent leurs remarques : — Connaissez-vous, dit l'un d'eux, cette grosse dondon qui danse là-bas ; est-elle assez ridicule... ? — Monsieur, c'est ma femme ! — Mais non, c'est de cette brunette qui ressemble à une petite guenon dont je veux vous parler... — Monsieur, c'est ma fille ! — Ah ! Monsieur, tous mes compliments... elles sont charmantes ! »

Quant à notre adhésion au toast de Mgr Lavigerie, nous n'avions pas attendu les élections municipales de 1891 pour la manifester. Il y avait longtemps déjà que, dans tous nos articles, nous ne cessions d'exposer et de développer nos idées au sujet d'une entente désirable et possible de tous les citoyens patriotes sur le terrain constitutionnel, et ce toast fut pour nous une sanction que nous accueillîmes avec enthousiasme.

Nous regrettons vivement, Messieurs les jurés, de ne pouvoir mettre sous vos yeux les articles signés « Un prêtre réfractaire » et publiés à cette époque dans la *Nouvelle Bourgogne*, mais cela nous éloignerait de la question. Du reste, la grossièreté avec laquelle ce toast célèbre, inspiré, on le sait aujourd'hui, par le grand pontife Léon XIII, est qualifié dans l'article dont nous venons de vous donner connaissance, peut vous en donner une idée.

Mais ce que la *Nouvelle Bourgogne* voulait avant tout, c'était discréditer M. Paul Jobard aux yeux des électeurs.

Elle aurait voulu que ce nom restât à « l'état d'épave », et nous savons quelle propagande fut faite dans certains milieux conservateurs pour tâcher de le faire sortir le dernier de la liste des candidats. Mais ces efforts furent vains, et, sur trente-quatre candidats, M. Paul Jobard fut classé le quatorzième suivant le nombre des suffrages obtenus. Au scrutin de ballottage, et malgré la diminution du nombre des électeurs conservateurs, il conserva le même rang.

Traître et vendu, voilà le résumé des accusations portées contre nous par la *Nouvelle Bourgogne*.

Nous avons fait connaître franchement et sans réticences les luttes que nous avons eu à soutenir pour conquérir et conserver notre indépendance, et nos actes que nous nous sommes efforcé, au milieu des perturbations politiques les plus violentes, de mettre toujours d'accord avec les principes de liberté et de modération auxquels nous resterons toujours profondément attaché. C'est à vous, Messieurs les jurés, d'examiner si ces accusations sont fondées.

Mais nous ne sommes pas seulement journaliste, nous sommes aussi un chef d'industrie. C'est comme directeur de l'imprimerie que nous avons fondée et aussi comme président du syndicat des imprimeurs dijonnais, que M. Paul Jobard avait été sollicité pour être candidat au Conseil municipal.

Quand vous connaîtrez, Messieurs les jurés, l'importance de l'établissement qu'il dirige, son organisation, non seulement au point de vue matériel, mais aussi au point de vue moral, vous comprendrez, nous en avons la conviction, qu'il avait le droit de ne pas être rejeté par les électeurs conservateurs comme une triste et misérable « épave ».

Au mois de mai dernier, et suivant la détermination qu'il
avait prise après les élections de 1891, le comité conservateur présenta une liste de candidats. Pour ne pas compromettre le succès de cette liste, M. Paul Jobard refusa l'offre
qui lui fut faite d'y figurer, et un certain nombre des candidats de 1891 prirent également la même détermination.
Cette liste fut soutenue exclusivement par la *Nouvelle Bourgogne* et la *Croix de Bourgogne* : on sait quels furent les
résultats de ces élections.

Cependant l'encyclique de Léon XIII n'avait pas encore
été publiée. Mais, depuis, des élections de conseillers généraux et de conseillers d'arrondissement ont eu lieu, et toujours dans le sens des idées républicaines. Ce n'est donc
plus Mgr Lavigerie et nous qui sommes la cause de ces
résultats, aujourd'hui c'est le Pape.

Voici, du reste, comment la *Nouvelle Bourgogne* et la
Croix de Bourgogne appréciaient, le 11 août dernier, et dans
le style châtié que l'on connaît, ce que ces feuilles considèrent comme une fâcheuse et funeste influence :

« Vous avez de la chance, *Progrès de la Côte-d'Or*, d'avoir
» le Pape dans vos atouts, et de ne point avoir pour adver-
» saire quelque duc de Béarn ou quelque Bonaparte ;
» demain votre République ferait cul par-dessus tête, et
» nous aurions un Henri IV ou un Napoléon. »

Il est impossible d'être plus irrespectueux et plus
grossier.

XVII

Nous avons exposé, Messieurs les jurés, les efforts que nous avons dû faire pour parvenir à constituer un journal indépendant. Dans les luttes électorales que nous avons soutenues, dans tous les articles publiés sous notre direction ou que nous avons écrits, nous nous sommes sans cesse efforcé de ne pas compromettre cette indépendance.

Certes, entraîné dans des luttes ardentes, nous avons été quelquefois, souvent même, violent et passionné, mais nos adversaires non plus ne nous ménageaient pas. Nous avons attaqué, nous nous sommes défendu ; cependant le souvenir de ces luttes ne nous laisse aucun regret, car nous avons la conviction qu'elles n'auront pas été inutiles. En ce monde, aucun effort n'est perdu, et bien souvent, c'est seulement après de longues années que l'on commence à en récolter les fruits.

*
* *

Mais ainsi que nous vous l'avons dit, Messieurs les jurés, nous ne sommes pas seulement journaliste, nous sommes aussi chef d'industrie. Nous avons fondé une imprimerie, dirigée maintenant par notre fils, avec l'aide de collaborateurs qui, presque tous, ont été nos apprentis.

L'imprimerie du *Bien Public*, comme nous l'avons dénommée le jour même de la fondation de ce journal, occupe avec les bureaux, les magasins à papiers, les ateliers de la composition, de la lithographie, des machines, du façonnage, de la clicherie, de la photographie et des moteurs à vapeur, 3,480 mètres de surface couverte et 1,280 de surface non couverte, soit une superficie totale de 4,760 mètres carrés.

Dans les ateliers, dont l'entrée se trouve rue Docteur-Maret, il y a actuellement, commandées par deux moteurs à vapeur accouplés, ayant chacun sa chaudière, quinze presses mécaniques typographiques ou lithographiques, cinq presses lithographiques à bras, deux presses typographiques à bras, quatre machines à rogner, une machine à plier et une trentaine de machines outils. Pour donner l'union à cet ensemble si divers, le téléphone relie chacun des ateliers aux bureaux situés dans les bâtiments de la place Darcy.

Le personnel occupé continuellement dans notre imprimerie s'élève, en y comprenant les équipes de nuit pour l'impression et l'expédition du *Bien Public*, à un total de cent vingt ouvriers, ouvrières et employés.

*
* *

Ouvrier à seize ans, nous avons porté le bourgeron et la blouse. C'est par notre propre expérience que nous avons appris combien les ouvriers ont le sentiment de la justice et combien ils l'estiment par-dessus tout. C'est la justice, en effet, qui est la base puissante et unique de toutes les améliorations qui peuvent être apportées dans l'organisation du travail, en rendant faciles et amicaux les rapports qui doivent exister entre le patron et l'ouvrier.

Notre constante préoccupation depuis le jour où, après avoir été simple ouvrier, nous sommes devenu d'abord

chef d'atelier et ensuite patron, a été d'appliquer ce principe aussi largement qu'il nous a été possible. C'est lui,
c'est ce sentiment de la justice, qui nous a permis de grouper
autour de nous des ouvriers intelligents et dévoués, dont
quelques-uns sont 1 os collaborateurs depuis trente-deux ans
et même trente-cinq ans, et portent fièrement la médaille
du travail. Cette médaille, nous la sollicitons encore actuellement pour d'autres ouvriers et ouvrières qui ont déjà
dépassé la période de trente années de séjour dans le même
atelier, exigée pour son obtention.

Comme, suivant nous, un patron doit être le premier
ouvrier de son établissement, M. Paul Jobard, après avoir
terminé son droit, a pris aussi la blouse. Il a travaillé dans
nos ateliers comme ouvrier, il a été porté par ses chefs sur
les bordereaux de quinzaine, comme tous les autres compa-
gnons dont il est devenu l'ami avant d'être leur chef.

*
* *

Voilà, Messieurs les jurés, et très sommairement, l'exposé
de la situation que nous avons appelée l'organisation morale
de notre établissement. Nous ne voulons pas entrer dans les
détails qui en sont les conséquences naturelles, mais vous
les devinerez facilement.

Certes, cette organisation est loin d'être complète, et
nous savons mieux que personne ce qu'il reste à faire.
Arrivé à cette période de la vie où, après avoir jeté un regard
sur le chemin parcouru, on peut estimer le peu qu'il reste
encore à parcourir, nous n'éprouvons aucun regret. Notre
fils connaît notre pensée intime, partage tous nos senti-

ments, il continuera notre œuvre, et cette pensée remplit notre âme de confiance.

*
* *

Mais déjà nous avons eu le bonheur de voir nos efforts recevoir une première sanction que nous désirions vivement. Un jour notre ami, M. Marinoni, s'est arrêté à Dijon avec Mᵐᵉ Marinoni, pour visiter notre imprimerie. Après une longue et minutieuse inspection, il nous témoigna le plaisir qu'il avait éprouvé et voulut le témoigner également aux ouvriers, en nous priant de leur offrir un banquet en son nom.

Nous fîmes part au personnel de cette détermination et, le lendemain, les tables de pliage, dans la grande salle des machines, furent débarrassées et le couvert mis. A cinq heures, la cloche donna le signal de la cessation du travail, et quand tous, ouvriers, ouvrières et apprentis, furent réunis et chacun debout à sa place, ayant notre fils à côté de nous et entourés de tous les chefs d'atelier, nous leur adressâmes les paroles suivantes :

Mes vieux amis, mes vieilles amies, et vous, les jeunes, qui deviendrez, je l'espère, les vieux amis de mon fils, écoutez-moi :

Nous avons reçu hier la visite de Mᵐᵉ Marinoni et de M. Marinoni. — Tous vous connaissez ce nom, qui brille en tête de tous les progrès de la typographie. Ce n'est donc pas de l'inventeur dont je veux vous parler, car toutes les machines installées dans nos ateliers portent son nom, et, mieux que personne, vous savez leurs qualités et les résultats qu'elles peuvent donner, entre les mains d'ouvriers habiles et intelligents.

En votre nom à tous, j'ai offert à Mᵐᵉ Marinoni le Missel artistique que nous avons imprimé cette année pour une maison amie, la maison

Leclerc-Maître. — Je vous affirme que ce volume fait honneur à notre imprimerie. Aussi aux dessinateurs, aux compositeurs, aux conducteurs, qui ont coopéré particulièrement à cette œuvre, je suis heureux de transmettre les compliments dont m'a chargé pour eux notre gracieuse visiteuse.

Marinoni a commencé comme nous tous. — Il a tenu la copie, manié le composteur, tiré la barre des presses de bois gémissantes, soulevé le marteau, poussé la lime en un mot, — car à cette époque les apprentis avaient de la misère, vous en savez quelque chose, les anciens, — souffert la bonne souffrance, qui trempe les hommes — et mangé de cette vache enragée qui tue les paresseux et les lâches, mais donne des muscles d'acier, fortifie le cœur et élargit le cerveau des courageux.

Je voudrais vous raconter la vie de ce travailleur, ses souffrances, ses désespérances et ses premiers succès. — Cette vie, je la connais, — certes elle vous intéresserait comme le roman le plus étrange et le plus attachant qu'on puisse rêver, mais si je commençais, nous serions forcés de ne pas aller nous coucher.

Quand un homme arrive à atteindre une situation exceptionnelle, on dit : « Il a eu de la chance ».

Nous avons publié, il y a quelque temps, et vous avez tous lu dans le Supplément du *Bien Public,* une nouvelle intitulée : « Vision ». Elle avait paru d'abord dans le Supplément littéraire du *Petit Journal.* — L'auteur, sous une forme ironique, mais avec un grand bon sens, répondant à cette exclamation : « Il a eu de la chance », faite au sujet d'un homme parti du point le plus humble et arrivé à une grande situation, disait : « Vous avez raison, il a même eu plusieurs chances, que n'auront jamais les fainéants, les lâches, les blagueurs et tous les sublimes qui pullulent en ce monde :

» La chance de s'apercevoir que dans une année il y a cinquante-deux dimanches auxquels on peut ajouter, sans faire tort à personne, les jours de fêtes et les lundis;

» La chance de découvrir que si la journée réglementaire a douze heures, on peut facilement l'allonger en prenant quelques heures sur les nuits;

» La chance d'être sobre;

» La chance de vouloir devenir un des plus habiles dans son métier,

— et la chance d'avoir eu assez de courage, d'énergie et de persévérance pour y parvenir. »

Je n'ai pas l'honneur de connaître l'auteur de cette nouvelle, mais je lui ai cependant envoyé ma carte au *Petit Journal* avec un mot de félicitations.

Eh bien, Marinoni, parti du point le plus humble, est justement un de ces chançards. — Moi, j'en suis un autre. — J'ai eu en effet la chance de le connaître, la chance de mériter son amitié, et la chance de profiter de ses avis et de ses conseils. — Ah! je puis bien vous le dire, moi aussi j'en ai mangé de la vache dont nous parlions tout à l'heure, et, vrai, j'ai cru bien souvent que je resterais en chemin; mais, quand j'étais troublé, inquiet, désespéré, je partais pour Paris, j'allais passer un jour près de Marinoni, et je revenais toujours consolé, encouragé, — remonté.

Vous vous en souvenez, Lucenay, de la première caisse de caractères que nous avons déballée, et de notre première machine. — Vous, Jean, des premiers modèles de chemin de fer, à établir avec un matériel à l'état embryonnaire. Comment diable pouvait-on y arriver? — Et vous, Pierre, des machines universelles qu'on déplaçait, sans les démonter, avec des leviers, et du moteur Lenoir, et de la première locomobile, et de la première machine fixe, et de toutes ces machines qu'il fallait monter et mettre en route en quelques heures, sans arrêter le travail. — Ah! mais alors, on faisait des jours avec les nuits. Vrai, ce temps-là on ne dormait pas son content. — Et ces vieux bâtiments qui craquaient de toutes parts, tellement nous avions percé de fenêtres nouvelles, crevé les planchers et ébranlé les voûtes. On peut dire que c'était un vrai champ de bataille. Pierre et Jean y ont laissé chacun un doigt, et Excoffier un petit bout seulement.

Depuis cette époque, il y a eu quelques changements, n'est-ce pas?

Mais, il faut le dire bien haut, c'est à Marinoni, c'est à ce travailleur infatigable et passionné, à cet inventeur merveilleux, qui a rendu le monde entier tributaire de ses machines, que nous devons les immenses progrès accomplis depuis trente ans dans la typographie. C'est à lui que l'imprimerie provinciale doit tout son développement. — Ici, je me suis appliqué, en y installant presque tous ses types de machines, à faire une imprimerie unique. Aussi, je vous l'affirme, j'ai été heureux de le recevoir et de lui faire les honneurs de nos ateliers. Je voulais avoir son approbation, qui devait être la sanction de nos efforts.

Eh bien, je suis fier de vous le dire, Marinoni a été satisfait de ce qu'il a vu ; mais ce qui l'a particulièrement touché, c'est de trouver ici, non seulement une installation matérielle bien comprise, mais cette organisation morale, qui a établi entre nous des liens d'amitié sincère et d'estime réciproque, sans lesquels rien n'est durable.

C'est pour vous faire connaître le plaisir qu'il a éprouvé qu'il m'a demandé de vous réunir dans ce banquet fraternel.

Mes amis, je bois à Mme Marinoni.

Mes amis, je bois à notre ami, M. Marinoni.

Le banquet commença aussitôt, et cette fête de la glorification du travail au milieu des machines au repos a marqué dans les annales de notre imprimerie une date inoubliable.

*
* *

Si nous avions été seul, Messieurs les jurés, nous aurions dédaigné ces attaques inconsidérées, ces insinuations perfides et odieuses dont nous sommes depuis trop longtemps l'objet, et qui se sont produites sous toutes les formes, avec une persistance qui ne s'est jamais ralentie.

Mais nous ne sommes pas libre de faire ainsi bon marché de notre honneur et de notre considération ; nous sommes père, grand-père, et les ouvriers qui nous entourent, que nous associons à toutes nos douleurs, à toutes nos joies, comme nous nous associons aux leurs, forment par extension une grande famille dont nous voulons continuer de mériter le respect et l'affection.

Eh bien, un homme, dans un but intéressé et méprisable, comme nous l'avons dit et répété souvent au cours de cette longue plaidoirie, n'a pas hésité à toucher à ce que nous avons de plus cher et de plus sacré.

Et cet homme, qui n'a pas eu assez de tact pour comprendre la cause qui a retenu si longtemps notre plume et nous a empêché de lui rejeter à la face ses injures, ses diffamations et ses calomnies, comme nous l'aurions fait s'il eût été un simple laïque,

Cet homme enfin qui, avec son équipe de rédacteurs et de rédactrices masqués, a la prétention grotesque de représenter les conservateurs avec la *Nouvelle Bourgogne* et de diriger les catholiques avec la *Croix de Bourgogne*, c'est M. l'abbé Chanlon.

EUGÈNE JOBARD.

DIJON, IMP. JOBARD.

TABLE

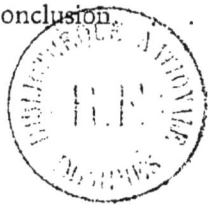

www.ingramcontent.com/pod-product-compliance
Lightning Source LLC
Chambersburg PA
CBHW052050270326
41931CB00012B/2702